ଆକାଶ ପରି ନିବିଡ଼

ଆକାଶ ପରି ନିବିଡ଼

ସୌରୀନ୍ଦ୍ର ବାରିକ୍

ବ୍ଲାକ୍ ଈଗଲ୍ ବୁକ୍ସ
ଭୁବନେଶ୍ୱର, ଓଡ଼ିଶା

BLACK EAGLE BOOKS
Dublin, USA

ଆକାଶ ପରି ନିବିଡ଼ / ସୌରୀନ୍ଦ୍ର ବାରିକ୍

ବ୍ଲାକ୍ ଇଗଲ୍ ବୁକ୍ସ : ଭୁବନେଶ୍ୱର, ଓଡ଼ିଶା • ଡବ୍ଲିନ୍, ଯୁକ୍ତରାଷ୍ଟ୍ର ଆମେରିକା

BLACK EAGLE BOOKS

USA address:
7464 Wisdom Lane
Dublin, OH 43016

India address:
E/312, Trident Galaxy, Kalinga Nagar,
Bhubaneswar-751003, Odisha, India

E-mail: info@blackeaglebooks.org
Website: www.blackeaglebooks.org

First International Edition Published by
BLACK EAGLE BOOKS, 2022

AAKASH PARI NIBIDA
by **Sourindra Barik**

Copyright © Sourindra Barik's family

All rights reserved. No part of this publication may be reproduced, stored in a retrieval system, or transmitted, in any form or by any means, electronic, mechanical, photocopying, recording or otherwise without the prior permission of the publisher.

Cover & Interior Design: Ezy's Publication

ISBN- 978-1-64560-091-6 (Paperback)

Printed in India

ଯିଏ ଗୋଟାଏ ଅବୁଝା ବ୍ୟକ୍ତିର ପ୍ରତି ସାରା-ଜୀବନ ନିଜର ଦ୍ୱିଧାହୀନ ସମର୍ପଣ ଭାବ ପ୍ରଦର୍ଶନ କରିଆସିଛି, ସେଇ ମୋ ସୁଖଦୁଃଖର ସାଥୀ ରମା ହାତରେ ଏ ବହିଟିକୁ ଉତ୍ସର୍ଗ କଲି।

ସୌରୀନ୍ଦ୍ର

ସୂଚୀ

ପଦ୍ମ	୦୯
ପ୍ରତୀକ୍ଷା	୧୦
ଅନ୍ୱେଷଣ	୧୧
ପତ୍ରଝଡ଼ା	୧୨
ପରିଚିତ ଅଚିହ୍ନା	୧୩
କିଏ ଡାକେ	୧୪
ଅତିଥି	୧୫
କାଉଣ୍ଟର	୧୭
ଆସ ଏଥର ଯିବା	୧୮
କେତେ କେତେ କଥା ଦେଇ	୧୯
ତୁମ ଅନୁପସ୍ଥିତି	୨୦
ସେଦିନ	୨୧
ପ୍ରତାରଣା	୨୨
ମୁହୂର୍ତ୍ତ	୨୪
ତୁମେ କେବେ ରହିବନି	୨୫
ଏକ୍‌ଲା କରିଦେଇ ଗଲା	୨୬
ଆଜି କୁଆଡ଼େ ଯିବାନି	୨୭
ଏ କବିତା ତୁମ ପାଇଁ	୨୯
ସ୍ନେହ କାଙ୍ଗାଳ କବିଟିଏ ମୁଁ	୩୧
ତତ୍ତ୍ୱ ଫତ୍ତ୍ୱ ବହୁତ ହେଲା	୩୩
କବିତାଟିଏ ଲେଖା ହୁଏ	୩୫
ସବୁବେଳେ ଗୋଟିଏ କଥା	୩୭
ତୁମର ଗୋଟିଏ ଠିକଣା	୩୯

ଯଦି ନ ରାଗିବ	୪୦
ମନେ ଅଛିନା	୪୨
କେବେ ତ କିଛି ଦେଇ ପାରିଲିନି	୪୪
ଦେଖିଲଣି କେତେ ଫୁଲ ଫୁଟିଛି	୪୫
ଫୁଲଟିକୁ ତୋଳି ନେଲେ	୪୬
ଦେଇଥିବା କଥା ସବୁ	୪୭
ସବୁବେଳେ ଗୋଟିଏ ପ୍ରାର୍ଥନା	୪୮
ରାଗିଲେ କ'ଣ ହେବ	୪୯
ସେଦିନର ଜହ୍ନ ତୁମେ	୫୦
କଥା ଦେଇଥିଲ ନା	୫୧
ଚାଲି ଗଲନି ଯେ	୫୨
ସେଇ ଯେ ଗଲ	୫୩
କହିବି କହିବି ହୋଇ	୫୪
ଅଦେହୀ	୫୫
ବିବାହ ବାର୍ଷିକୀ- (୧)	୫୭
ବିବାହ ବାର୍ଷିକୀ- (୨)	୫୮
ବିବାହ ବାର୍ଷିକୀ- (୩)	୫୯
ସନ୍ଧ୍ୟା	୬୦
ପୋଲ	୬୧
ପ୍ରାପ୍ତି	୬୨
ମାନସୀ	୬୩
ତୁମରି ଆକାଶେ	୬୪
ସ୍ମୃତି, ବିସ୍ମୃତି	୬୫
ଗୋଲାପ	୬୬
ତୁମ ଆଖିର ପାଣ୍ଡୁଲିପି	୬୭
ସକାଳ ପରି	୬୮
ରାତିର ବୁଢ଼ିଆଣୀ	୬୯
ତୁମ ପାଖରେ	୭୦
ଆସ ବା ନଆସ	୭୧

ଏଇ ଲେଖକଙ୍କର ଅନ୍ୟାନ୍ୟ କୃତୀ:

କବିତା : (୧) ସାମାନ୍ୟ କଥନ
(୨) ଉପ ଭାରତ

ସମାଲୋଚନା : (୧) ଅନ୍ୱେଷାର ସ୍ୱର
(୨) ଚେତନାର ଚୌହଦୀ

ଅନୁବାଦ : ମହାନ୍ ଓ ସୁନ୍ଦର ଧାରଣାର ମୂଳଉତ୍ସ - ଏକ ତାତ୍ତ୍ୱିକ ଜିଜ୍ଞାସା
ମୂଳ ରଚନା- ଏଡ୍‌ମାଣ୍ଡ ବାର୍କ

॥ ପଦ୍ମ ॥

ତୋତେ ପାଇଲେ
କୋଟିନିଧି ମିଳେରେ ପଦ୍ମ
ସ୍ୱପ୍ନର ପଦ୍ମତୋଳା ତୁ
ମୃତ୍ୟୁର ପଦ୍ମାବତୀ !

ଆଖି ପଦ୍ମ, ମୁଖ ପଦ୍ମ
ହାତ, ପାଦ, ଛାତି, ନାଭି
ସବୁ ପଦ୍ମ, ଖାଲି ପଦ୍ମ
ଆକାଶ ସାଗର ପଦ୍ମ
ସୂର୍ଯ୍ୟ, ଚନ୍ଦ୍ର, ତାରା, ପଦ୍ମ
ପଦ୍ମବନେ ମୋର କିଏ ଉଭା ହୁଏ
ରକ୍ତରେ ମୋ' ଶ୍ୱାସ ପ୍ରଶ୍ୱାସରେ
କିଏ ଖାଲି ପଦ୍ମ ଭରିଦିଏ ।
ପଦ୍ମମୟ ଅଳିଏ ଅମୃତ ପରି
ପଦ୍ମ -ଆଲିଙ୍ଗନେ କା'ର
ଦଳିତ ମଞ୍ଚିତ ହୁଏ !

ଯୋଜନ ଅନ୍ଧାର ଟପି
ସାତ ତାଳ ପଙ୍କ ଟପି
କିଏ ସେହି ଅଜଣା ସୂର୍ଯ୍ୟ
କିଏ ସେହି ଅଜଣା ଅନନ୍ତ
କା'ର ନାଭି ପଦ୍ମ ମୁଁ
କାହାର ଆଶାୟୀ !

।। ପ୍ରତୀକ୍ଷା ।।

ପଥର ମୂର୍ତ୍ତିଟି ପରି
ପାର୍କ୍‌ର ଗୋଟିଏ କୋଣରେ ଚୁପ୍‌ଚାପ୍ ସେ ।
ତା ମୁହଁରେ ଦୀର୍ଘ ପ୍ରତୀକ୍ଷାର କ୍ଳାନ୍ତି, କିନ୍ତୁ ଆଖିରେ
ଆଉ ପ୍ରତୀକ୍ଷା ନ କରିବାର ଅନିଚ୍ଛା । ସେ ଯେମିତି
ପ୍ରତୀକ୍ଷା କରି କରି ପ୍ରତୀକ୍ଷା କରିବା କଥା ପାଶୋରି ଦେଇଛି
ପହଁରି ବୁଲୁଥିବା ହଂସ ଯୋଡ଼ି ପରି ଅବା ଉଡ଼ିବୁଲୁଥିବା
ହରରଂଗୀ ପ୍ରଜାପତି ପରି ପାର୍କର ଅଂଶଟିଏ ବୋଲି
ନିଜକୁ ମାନି ନେଇଛି ।

'କାହାକୁ ଅପେକ୍ଷା କରିଛ ?' ମୋ' କଥାରେ ଚମକି କହିଲା
'ମୋତେ ଏଠି ବସିବାକୁ କହି କୁଆଡ଼େ ଯେ ଗଲା ଆଉ ଫେରିଲାନି
ତାକୁଇତ ଅନାଇ ବସିଛି । ତାକୁ ଚାହିଁ ଚାହିଁ ତାକୁ ଭୁଲିଲିଣି,
କେଉଁଠୁ ଆଣିଲା ପୁଣି କେଉଁଠିକି ନେବ ସବୁ ଭୁଲିଲିଣି
ଭୁଲିଲିଣି ମୋ' ଅପେକ୍ଷା କରିବା ।'

'ସତେ କ'ଣ ଆଉ ସେ ଆସିବ ?'
ଏତିକି କହି ମୋତେ ସେ ଚାହିଁଲା । ଭୟାର୍ତ୍ତ ଆଖିରେ ତା'ର
ଫୁଟି ଉଠୁଥିଲା ହଂସ ଆଉ ପ୍ରଜାପତିର ଲୋଭନୀୟ ପାର୍କ ।

।। ଅନ୍ୱେଷଣ ।।

କେତେ ମୁଁ ଖୋଜିବି କହ ? ଖୋଜି ଖୋଜି ତ
ନୟାନ୍ତ ହେଲିଣି । ଖୋଜିଲିଣି ଗିରିବନ, ନଦନଦୀ,
ଆକାଶ ବତାସ, ଖୋଜିଲିଣି ଯୁଗ ଯୁଗ କେତେ
ବର୍ଷ, ଦିନ ମାସ । ଆଉ କହ କେତେ ମୁଁ ଖୋଜିବି ?
କେଉଁଠି ବା ତାକୁ ମୁଁ ପାଇବି ?

ସେ କିନ୍ତୁ କହିଥିଲା ଖୁବ୍ ସହଜ ତା' ଘର ପାଇବା
ସମସ୍ତେ ତା' ଜଣାଶୁଣା, ପିଲାଟିଏ ସୁଦ୍ଧା କହିଦେବ
ତା' ଘର ଠିକଣା । ସେହି ଭରସାରେ ଚାଲିତ ଆସିଲି
ଏ ନୂଆ ରାଜ୍ୟରେ ତାକୁ ଖୋଜୁ ଖୋଜୁ
ହୀନବଳ ହେଲି, ମୂକ ପାଲଟିଲି ।

ଆଉ କିଛି ବାକି ନାହିଁ । ଏମିତିକି ପଚାରିଛି ପ୍ରତି ଝରିଲା ପତ୍ରକୁ
ହସୁଥିବା କିଶଳୟ ପୁଣି ଉଡୁଥିବା ହରରଂଗୀ ପତଙ୍ଗମାନଙ୍କୁ ।
ମୋ ପ୍ରଶ୍ନ ଶୁଣି ସବୁ ହସିଛନ୍ତି । କହିଛନ୍ତି 'ଆରେ ବୋକା ! ତାକୁ
ଖାଲି ସମସ୍ତେ ଖୋଜନ୍ତି । ତାକୁ ପାଇବୁ ଗୋଟେ କ'ଣ ? ଏହି
ଖୋଜିବାଟା ହିଁ ତ ସିଏ । ସକାଳେ ବତୀଖୁଣ୍ଟ ତଳେ ପଡ଼ିଥିବା ଝଡ଼ିପୋକ
ରାତିସାରା ତାକୁ ଖୋଜିଥାଏ ନା ପାଇଥାଏ ?'

॥ ପତ୍ରଝଡ଼ା ॥

ସେ ଦେଖନ୍ତି
ଶୁଖିଲା ପତ୍ର ପରି ବାଳସବୁ ଝରି ଝରି ପଡ଼େ।
ତାଙ୍କ ମୁହଁରେ ବ୍ୟସ୍ତତାର ଖଣ୍ଡିଆ ଭୂତ
ଏବଂ ଯେତେ ନୂଆ ନୂଆ ତେଲ ଆଉ କ୍ରିମ୍
ବୁଡ଼ିଗଲା ମଣିଷର କୁଟା ଏବଂ କାଠି।

ଦର୍ପଣ ଆଗରେ ତାଙ୍କୁ ଡରଡର ଲାଗେ
ଆଲ୍‌ବାମ୍ ଭିତରୁ ଅତୀତ ଖାଲି ଖତେଇ ହୁଏ
ମୂଷାଲାଞ୍ଜି ବେଣୀଟିକୁ ଧରି ବିକଳରେ କହି ଉଠନ୍ତି
'ଯେ ମୋର କ'ଣ ହେଲା; ସେଦିନର ନଈବଢ଼ି ବାଳ
ଆଜି କୁଆଡ଼େ ଗଲା ?' ଗମ୍ଭୀର ହୋଇ କହେଁ
'ଜୀବନର ପତ୍ରଝଡ଼ା ବୋଧହୁଏ ଏଇ ଆରମ୍ଭ ହେଲା।'

ମୋ କଥାରେ ଶୁଖିଲା ହସି ସେ କହନ୍ତି
'ଗଛ ନ ହୋଇ ଯା' ମଣିଷ ମୁଁ ହେଲି,
କବିତାକୁ ଭଲପାଇ ତୁମ ହାତ ଯା' ଧରିଲି।'

।। ପରିଚିତ ଅଚିହ୍ନା ।।

ମୁଁ କହିଲି
ଖଣ୍ଡିଆଭୂତ ଦିହରେ ଶୁଖିଲା ପତ୍ର ପରି
ଏକ ନୁଖୁରା ଆଜିର କୁଣ୍ଡଳୀ ଭିତରେ
ଆମେ ଖାଲି ଧଂଦି ହେଉଥାଇଁ
ଆଗତ ନାହିଁ କି ବିଗତ ବି ନାହିଁ।

ଏତିକିରେ ଚମକି କହିଲା-
ମୋ' ଉଡ଼ିବା କିନ୍ତୁ ଶୁଖିଲା ପତ୍ରର କ୍ଲୀବ ଧନ୍ଦି ହେବା ନୁହଁ
ମୁଁ ତ ଡେଣା ଲଗା ପିମ୍ପୁଡ଼ି। ଡେଣାରେ ଦୁଇଡେଣା ଝଡ଼
ଆଖିରେ ଆଖିଏ ଆକାଶ। ଆଉ ମୁଁ ଉଡ଼ି ଚାଲିଛି
ମୋର ଚିହ୍ନା ଅଜଣା ଆଡ଼କୁ, ପରିଚିତ ଅଚିହ୍ନା ଆଡ଼କୁ
ଖାଲି କେବେ ନ ପାଇବାର ପୂର୍ଣ୍ଣତା ପାଇଁ।

।। କିଏ ଡାକେ ।।

କିଏ ଖାଲି ଡାକେ ।

କିଏ ଡାକେ, କାହିଁକି ବା ଡାକେ, କେବେ ଡାକେ
କେଉଁଠିକି ଡାକେ କିଛି ତ କହେନି
କିଏ ଯେମିତି ଖାଲି ଡାକି ଡାକି ଯାଏ
ଆଉ ମୁଁ ରହି ରହି ଶୁଣୁଥାଏ ତାର ସେ ଡାକ ।

ସେ ଡାକ ଯେମିତି ବାଟବଣା ଚଢ଼େଇର ଭଙ୍ଗା ଭଙ୍ଗା ରାବ
ପାହାଡ଼ି ଝରଣାର ଛଇଳ ଚପଳ କୁଳୁ । କାଚର ଟୁକୁରା କେମିତି
ଲୁହ ଲୁହାଣ କରେ । ଅନାଶିତ ସ୍ପର୍ଶ ଖାଲି ଶିହରିତ କରେ ।

ପାହାଡ଼କୁ ପଚାରିଲି, ପଚାରିଲି ନଈପଠା ନିରୋଳା ରାତିକୁ
କୁହ ଭଲା ଜାଣିଛକି କିଏ ଡାକେ କାହିଁକି ବା ଡାକେ
କେବେଠୁ ଡାକୁଛି ପୁଣି କେତେଦିନ ଆଉ ବା ଡାକିବ
କେହି କିଛି କହିଲେନି, ପ୍ରଶ୍ନ ମୋର ପୁଣି ଥରେ ମୋତେ ପଚାରିଲେ ।

କିଏ ଡାକୁଛି ! କାହିଁକି ଡାକୁଛି ! ବ୍ୟସ୍ତ ହୋଇ ଯେବେ ପଚାରିଲି
ମୋ' ପ୍ରଶ୍ନରେ ନୀରବତା ଗୁମୁରି ଉଠିଲା, ଥମ୍ ଥମ୍ ଡାକିଲା ଶୂନ୍ୟତା
ସ୍ୱରରେ ଚାପି ଧରି ଯୋଜନ ଦୂରତା କାନପାଖେ କିଏ ସେ କହିଲା
ଚିହ୍ନି ପାରୁନୁ ! ଏତେ ଶୀଘ୍ର ଭୁଲିଗଲୁ । ତୋତେ ପରା ମୁଁ ଡାକୁଛି ।

ଏଇମିତି କିଏ ଖାଲି ଡାକେ ।

॥ ଅତିଥି ॥

କିଛି ମୁଁ ଜାଣେନି
କେମିତି ତା' ରୂପ ପୁଣି କେମିତି ତା ସ୍ୱର
କେମିତି ବା ବେଶଭୂଷା କେମିତି ବେଭାର
କେଉଁଠୁ ଆସିବ ପୁଣି କେବେ ପହଞ୍ଚିବ
ମୋ' ଅତିଥି ହେବ ମୋର ପୁରକୁ ମଣ୍ଡିବ
ଏତିକି ଜାଣିଛି ଖାଲି ନିଶ୍ଚେ ସେ ଆସିବ
ଦେଇଥିବା କଥା କେବେ ଅନ୍ୟଥା ନୋହିବ।

ତଥାପି ତ ଡରଲାଗେ, ବ୍ୟସ୍ତଲାଗେ କ'ଣ କରିବି
କେମିତି ବା ତାକୁ ଶଂଖୁଳିବି।
ଅଚିହ୍ନା ରୂପକୁ ଦେଖି ହଠାତ୍ ଯଦି ହତବାକ୍ ହୁଏ
ପାଛୋଟି ଆଣିବି କ'ଣ ଯଦି ଖାଲି ଠିଆ ହୋଇ ରହେ
ସିଏତ ଆଉ ରାଗିବନି, ମନ ମାରି ଚାଲିଯିବ ଆଉ ଫେରିବନି !
କିଛି ମୁଁ ପାରେନି ଭାବି
ଭୟ ଆଉ ବ୍ୟସ୍ତତାର ଘୁଣ
କୋରି କୋରି ମୋତେ ଖାଏ ଖାଲି।

ମୋ' ବ୍ୟସ୍ତତା ଦେଖି କିଏ ଯେମିତି କହିଲା
ଆରେ ବାୟା କିଆଁ ଏତେ ଧନ୍ଦି ତୁ ହେଉଛୁ ?
ସିଏତ ଆସିବ ତାର, ତୁ ତୋର କାମ କରିଯା
ତୋରଣ ସଜାଇଥା, ବସାଇଥା ଘଟ
ଗୋଡ଼ ଧୁଆ ପାଣି ରଖି, କେଉଁଠି ବସିବ ସିଏ
ଭଲକରି ଆସନକୁ ପାରି ଦେଇଥା।

ତା'ପରେ ଦେଖିବୁ ତୁ ଡରଭୟ କିଛି ରହିବନି
ଯେତେ ସବୁ ଧନ୍ଦି ହେବା ମନେ ହେବ ତୁଚ୍ଛା ପାଗଳାମି।

ସେତେବେଳେ ଆସିବ ସେ ହସିହସି ପରିଚିତ ବଂଧୁଟିଏ ପରି
ଅରୂପରେ ତୋତେ ଯେ ମୋହିବ, ନୀରବତାର ବେଣୁକୁ ବାଇବ
ତା'ପରେ କୋଳକୁ ତାର ଟାଣିନେବ ଉଦାସୀନ ଆସକ୍ତିରେ ଭରି।

॥ କାଉଣ୍ଟର ॥

ଦୀର୍ଘ ଧାଡ଼ିରେ ଧୀରେ ଧୀରେ ଆଗେଇ ଆଗେଇ
କାଉଣ୍ଟାର ପାଖରେ ପହଞ୍ଚିଥିବା ଲୋକଟି
କେବେଠୁ ଲାଇନ୍ ମାରିଛି ? କେତେ ଯୁଗରୁ ?
ତା ମୁହଁରେ ବର୍ଷ ବର୍ଷ ଖରା ବର୍ଷାର ଚିହ୍ନ
ପାଦରେ ଯୋଜନ ପଥର ଧୂଳି, ଆଉ ଆଖିରେ
ପାଖେଇ ଆସୁଥିବା କାଉଣ୍ଟାର୍‌ର ଜଳକା ଛବି ।

ଧାଡ଼ି ଶେଷରେ ଠିଆ ହୋଇ ପାଦ ପରଖୁ ପରଖୁ
ବ୍ୟସ୍ତ ହୋଇ ଯିଏ ପାଟି କରି ଉଠିଲା-
'ସତେ କ'ଣ ଟିକେଟ୍ ମିଳିବ ?' ତା ମୁହଁରେ
ସକାଳର ଖରା, ପହିଲି ଆଷାଢ଼ର ମେଘ, ପାଦରେ
କଅଁଳ ଘାସର ଛନ୍ ଛନ୍ ଆଉ ଆଖିରେ
ଦୂର କାଉଣ୍ଟାର୍‌ର ଝାଇଁମରା ନିଶା ।

ତା' ପାଟି ଶୁଣି,
ଆଗ ଲୋକଟିର ନିଦା ଆଖି ନୀରବରେ କହି ଉଠିଲା-
'ବନ୍ଧୁ ! ବ୍ୟସ୍ତ କାହିଁକି ? ଏ କାଉଣ୍ଟାର୍‌ରେ ଯେ କେବେ
'ହାଉସ୍ ଫୁଲ୍' ନୋଟିସ୍ ଝୁଲେନି । ଏ ଯେମିତି
ଶୂନ୍ୟଗର୍ଭା ଉଦାର ଆକାଶ ଆଉ ଆମେ ସମସ୍ତେ
ଉଡ଼ିବୁଲୁଥିବା ହରରଙ୍ଗୀ ଅସଂଖ୍ୟ ଚଢ଼େଇ ।'

।। ଆସ ଏଥର ଯିବା ।।

ଉଠ ଏଥର ଯିବା
ଘରକୁ ଫେରିବା ।

ଆମେ ଆସିଥିଲେ ଘର ଫର ଭୁଲି
ଟିକେ ଗପିବାକୁ, କ୍ଷଣକ ପାଇଁ ସମୁଦ୍ର ହେବାକୁ
ଡବ୍‌ଡବି ସମୁଦ୍ର କିନ୍ତୁ କିଛି ହେବାକୁ ଦିଏନି
ସିଏ ତ ନିଜେ ଏକୁଟିଆ ବାଆଁରାଟିଏ
କଟା ପଇଡ଼ ସରୁ କୂଳକୁ ଫୋପାଡ଼ିଲା ପରି
ସମସ୍ତଙ୍କୁ ଯେ ଯା'ର ଏକଲା ମନର
ସନ୍ତସନ୍ତିଆ ବେଳାଭୂଇଁକୁ ଫୋପାଡ଼ି ଦିଏ ।

ହେଇ ଦେଖୁନ, ହାତ ଧରାଧରି ଆମ ଭିତରେ
କେମିତି ଚଣ୍ଡି ଧସେଇ ପଶିଲା । ହାତ ମୁଠାରେ
ଅଠା ଅଠା ଦୂରତା ଭରି ଆମକୁ ଏକ୍‌ଲା କରିଦେଲା
ଆମ ଅଜାଣତରେ ଆଉ କେଉଁ ବେଳା ଭୂଇଁ, ଝାଉଁବନ
ପୁଣି ମୁଠାମୁଠା ଶାମୁକାର କଣ୍ଟକିତ କୋଟିକମ ଭିତରକୁ
ଅଲଗା ଅଲଗା ଅଜାଡ଼ି ଦେଲା । ମନରେ ଭରି ଦେଲା
ଘୁଘୁ ଏ କେଉଁ ଲୁଣି ନୀରବତା ?
କଟା ଘା'ରେ ସମୁଦ୍ର ମୁଠାଏ ଲୁଣ ଯେମିତି ।

ସମୁଦ୍ର ବହୁତ ହେଲା
ଆସ ଏଥର ଘରକୁ ଯିବା
ବୁବୁ ରୁନୁଙ୍କ କେଁ କାଁ ଭିତରେ
ନିଜକୁ ଭୁଲିବା, ସମୁଦ୍ର ଭୁଲିବା ।

।। କେତେ କେତେ କଥା ଦେଇ ।।

କେତେ କେତେ କଥା ଦେଇ
ଗୋଟେ ବି କଥା ରଖିଲନି

ଦିନ ପରେ ବି ଆଲୁଅ ଟିକେ ଥାଏ
ଟେକା ବୁଡ଼ିଯାଏ ସିନା ପାଣି ଚହଲୁ ଥାଏ
କିନ୍ତୁ ତୁମ ପାଖରୁ କେହି ଥରେ ଗଲେ
ଏକା ଥରେ ମୂଳରୁ ସେ ଯାଏ
ଟିକେ ଫେରି ବି ଚାହିଁନି

ମୁଁ ରହିଗଲି
ଗୋଧୂଳି ହୋଇ, ଚହଲା ପାଣି ହୋଇ
ନଥିବାର ଥିବାଥିବା ଛାଇ ଭିତରେ

ତୁମେ ତ ଅନ୍ଧାର, ଚଳନ୍ତା ଛାଇ
ଅନ୍ଧାର ଦେହରେ କେବେ କ'ଣ କା'ର ଛାଇ ପଡ଼େ
ସେ ଖାଲି ସମସ୍ତଙ୍କୁ ଛାଇ ଘାଉଲା କରେ
ଗ୍ରହଣ ଖଣ୍ଡିଆ କରେ

କେତେ କେତେ କଥା ଦେଇ
ଗୋଟେ ବି କଥା ରଖିଲନି ।

॥ ତୁମ ଅନୁପସ୍ଥିତି ॥

ତୁମ ଅନୁପସ୍ଥିତି
ଅନ୍ଧାର ରାତି
ଲକ୍ଷ କୋଟି ତାରା
ଚୁମ୍ବନର ସ୍ମୃତି ।

ମହୁମାଛି ପରି
ଆଲୁଅର ଡେଣା ମେଲି
ସ୍ମୃତିର ତାରା ସବୁ ଛୁଟି ଆସନ୍ତି
ସେମାନେ ଦଂଶନ କରିବେ
ଦେହରେ, ମନରେ ଭରିଦେବେ
ନିଃସଙ୍ଗତାର ବିଷ ।

ଏ ସ୍ମୃତି ହୁଅନ୍ତା ଯଦି
ରଜନୀଗନ୍ଧାର ଗୁଚ୍ଛ
ଏ ସ୍ମୃତି ହୁଅନ୍ତା ଯଦି
ଝିଙ୍କାରୀର ଡାକ
ଅମା ଅନ୍ଧାରରେ ଜହ୍ନ ଉଅଁନ୍ତା
ନୀରବତା ହୁଅନ୍ତା ପ୍ରଗଲ୍‌ଭ ।

କିନ୍ତୁ କିଛି ହୁଏନି
ସ୍ମୃତିର ଶୁଖିଲା ହାଡ଼କୁ ରେକୁଟି ରେକୁଟି
ଶେଷରେ ନିଜ ଲହୁ ଚାଖିବା ହିଁ
ଖାଲି ସାର ହୁଏ ।

॥ ସେଦିନ ॥

ତାଙ୍କୁ ଆଜି ବି ଦେଖିଲେ କେମିତି ସେଦିନ ସେଦିନ ଲାଗେ
ଆଖିରେ ଚହଲିଉଠେ ସେଦିନର ଲନ୍, ପାରଦ ଚପଳ ଆଖି
ଆଉ ସେଦିନର ସେ ମୃଗ-କ୍ଷିପ୍ର ମଦାଳସୀ ଚାଲି ।

ଆଜି ସେ କୁଆଡ଼େ ମୋଟା ହେଲେଣି
ଆଖିତଳେ ଦାଗ ପଡ଼ିଲାଣି
ଆଉ ହଳଦିଆ ପତ୍ରପରି
ଗୋଟେ ଗୋଟେ ବାଳ ବି ପାଚି ଆସିଲାଣି
ତଥାପି ତାଙ୍କୁ ଦେଖିଲେ ଖାଲି ସେଦିନ ସେଦିନ ଲାଗେ,
ସିଏତ ସ୍ମୃତିର ସ୍ଥାପତ୍ୟଟିଏ,
ଯା' ପାଖରେ କାଳ ନପୁଂସକ ହୁଏ
ବର୍ତ୍ତମାନ, ଭବିଷ୍ୟତ ସବୁହୁଏ ମିଛ ।

ସମୟର ଏ ଖଣ୍ଡିଆ ଭୂତରେ
ନାଗଫେଣି ବର୍ତ୍ତମାନ କୁସୁମିତ ହୁଏ
'ଲୋମା', ଲାମ୍ବାଗୋ ଆଉ ମିଛଦାନ୍ତ ନେଇ
ଖାଲି ସ୍ୱପ୍ନ, ଦେଖିହୁଏ
ଆଉ ଚିତ୍କାର କରି କହିହୁଏ
କାଳମାନେ ସେଦିନ, ସୂର୍ଯ୍ୟମାନେ ସେଦିନର ଲନ୍
ଆଉ ବଂଚିବା ମାନେ ସେ ଚାଲି ପଛରେ ଧାଇଁବା ପୁଣି
ସେ ଆଖିର ତେଜରେ ସୂର୍ଯ୍ୟକିରଣରେ ଶିଶିର ବିନ୍ଦୁ ପରି
କ୍ଷଣକପାଇଁ ସୂର୍ଯ୍ୟ ପାଲଟି ଶେଷରେ ନିଃଶେଷ ହୋଇଯିବା ।

॥ ପ୍ରତାରଣା ॥

ତୁମେ,
ଏବଂ ତୁମରି ଏ ସଦା ପରିବର୍ତ୍ତନଶୀଳ ଆକାଶୀ ମନ,
ପ୍ରତିଫଳିତ ହୁଏ-
ମୋ' ହୃଦୟ-ହ୍ରଦର ସ୍ଥିର ବକ୍ଷୋପରେ।
ଅତି ବିଶ୍ୱସ୍ତ ଭାବରେ, ଅତି ନିଖୁଣ ଭାବରେ।

ହେ ଆକାଶ !
ତୁମକୁ ମୁଁ ନିଜର କରେଁ,
କରେ ମୁଁ ତୁମକୁ ମୋର ଅତି ଆପଣାର।

ତୁମ ରୌଦ୍ରତାରେ ମୁଁ ନିଜକୁ ନିଃଶେଷ କରେଁ।
ତୁମ ଅଶ୍ରୁଧାରାରେ ନିଜକୁ ପ୍ଳାବିତ କରେ।
ପୁଣି ତୁମରି ସ୍ୱପ୍ନରେ-
ମୋ' ହୃଦୟରେ କମ୍ପନ ଖେଳେ।
ଖେଳେ ପ୍ରଥମ ଚୁମ୍ବନ ପରେ ଅଧରର କମ୍ପନ-
ଆଉ ଏ କମ୍ପନର ବାର୍ତ୍ତା ଦେଇ
ହେ ମାନସୀ !
ନଳ ପରି ମୁଁ ପଠାଏଁ ତୁମରି ଉଦ୍ଦେଶ୍ୟେ
ମହାକାଳର ଦୂତ।
ତୁମେ କିନ୍ତୁ ଫାଙ୍କି ଦିଅ।
ଦୂତ ମୋର ଫେରିଆସେ ମୋ'ରି କୋଳକୁ -
ମୋତେ ନିଜର ନ କରି ତୁମେ ଖାଲି ଫାଙ୍କି ଦିଅ।
ବୋଧହୁଏ ଏଇ ପ୍ରତାରଣାଟା ହିଁ ସତ୍ୟ।

ସତ୍ୟ ବୋଧହୁଏ ମାଂସର ପାଖୁଡ଼ାରେ ସୁରଭିର ଅନୁପସ୍ଥିତି-
ପୁଣି ସତ୍ୟ; ତୁମ ଓ ମୋ ମଧ୍ୟର ଏଇ "ଦୂରତ୍ୱ"ଟି।
ନକ୍ଷତ୍ର ନକ୍ଷତ୍ରର-
କିମ୍ବା ମିଳନ ସ୍ଥାନ ଆଲୁଅ ଓ ଅନ୍ଧାରର।

ଏ ଦୂରତ୍ୱ ସତ୍ୟ ହୋଇପାରେ-
ହ୍ରଦ ଓ ଆକାଶର ମିଳନ ସ୍ୱପ୍ନ ହୋଇପାରେ।
ମାତ୍ର ସ୍ୱପ୍ନ ଦେଖିବାଟା ମିଥ୍ୟା ନୁହେଁ।
ମୋ' ହୃଦୟରେ ତୁମ ପ୍ରତିଫଳନ ମିଥ୍ୟା ନୁହେଁ।
ଖାଲି ଏକ ବିରାଟ ସତ୍ୟ -
ତୁମରି ପ୍ରତାରଣା ପରି ଏକ ନିଷ୍ଠୁର ସତ୍ୟ।

॥ ମୁହୂର୍ତ୍ତ ॥

ତା' ମା'ର ଶାଢ଼ି ପିନ୍ଧି ରୁନୁ ଖେଳୁଥିଲା
ବୋହू ହେଉଥିଲା, ମା' ହେଉଥିଲା, ଏଇମିତି
କେତେ କ'ଣ ହେଉଥିଲା; ଶାଢ଼ିର ପରସ୍ତ ଭିତରୁ
ହରରଙ୍ଗୀ ପ୍ରଜାପତିଟି ପରି ରୁନୁ ମୋର
ମୋ' ଆଡ଼କୁ ଉଡ଼ି ଆସୁଥିଲା ।

ନୂଆ ରଙ୍ଗ, ନୂଆ ସ୍ୱପ୍ନ ଧରି
ପରିଚିତ ଅଚିହ୍ନା ପ୍ରଜାପତିଟି ମୁହୂର୍ତ୍ତର ଫୁଲ ସବୁକୁ
ଛୁଇଁ ଯାଉଥିଲା; ଇନ୍ଦ୍ରଧନୁର ଟୁକୁରା ପରି
ଦିଗନ୍ତରୁ ଦିଗନ୍ତକୁ ଛାଇ ଯାଉଥିଲା ।

ମୁଁ ବି ଉଡ଼ି ଯାଉଥିଲି
ଡେଣାରେ ମୁହୂର୍ତ୍ତର ଧୂଳି, ଦିଗନ୍ତର କ୍ଲାନ୍ତି
ପବନରେ ହଳଦିଆ ପତ୍ରଟି ପରି ଥର ଥର ମୋ ପ୍ରଜାପତି
ଉଡ଼ି ଯାଉଥିଲା କେଉଁ ଆକାଶ ଆଡ଼କୁ ?
କେଉଁ ଫୁଲର ଅନ୍ଧାରି କୋଳକୁ ?
ତା' ମା'ର ଶାଢ଼ି ପିନ୍ଧି ରୁନୁ ଖେଳୁଥିଲା ।

।। ତୁମେ କେବେ ରହିବନି ।।

ମୁଁ ଜାଣେ
ତୁମେ ସବୁଦିନ କେବେ ରହିବନି
ଦିନେ ନା ଦିନେ ଛାଡ଼ି ଚାଲିଯିବ ।

କ୍ଷତଟିଏ ହୋଇଥିଲେ
ଅବା ଦୁଃଖଟିଏ ହୋଇଥିଲେ
ଦେହ ଆଉ ମନରେ
ସବୁଦିନ ରହିଥା'ନ୍ତି ।

ଅଦିନିଆ ମେଘ ହଠାତ୍ ଆସି
ସବୁ ଓଦା କରି ଦିଏ । ଚାରିଆଡ଼େ ଭରିଯାଏ
ଭିଜା ମାଟିର ଗନ୍ଧ । ଚୋରା ମଳୟ ଚୁପ୍‌ଚାପ୍ ଆସି
ଆଖିରେ ରଙ୍ଗ ଲେପିଦିଏ
ମନରେ ବୋଳିଦିଏ କେତେ କେତେ ଦେଖି ନଥିବା ସ୍ୱପ୍ନ ।

ଦେହ ଶୁଖିବା ବେଳକୁ ବର୍ଷା ନଥାଏ
ସ୍ୱପ୍ନ ଭାଙ୍ଗିବା ଆଗରୁ ମଳୟ ଚାଲିଯାଇଥାଏ ତା' ବାଟରେ ।
ତୁମେ କିନ୍ତୁ ଚାଲିଗଲେ ବି
ମୋତେ ଟିକେ ଏକଲା ରହିବାକୁ ଦିଅନି
ଚଢ଼େଇ ଭରା ସଞ୍ଜର ଗଛଟିଏ ପରି
ନିରୋଳା ମନରେ ଭରିଦିଅ
ଗୁଡ଼ାଏ କିଚିରି ମିଚିରି ।

ମୁଁ ଜାଣେ, ତୁମେ କେବେ ରହିବନି
ଦିନେ ନା ଦିନେ ଛାଡ଼ି ଚାଲିଯିବ ।

॥ ଏକ୍‌ଲା କରିଦେଇ ଗଲା ॥

ସିଏ ସିନା ଏକ୍‌ଲା କରିଦେଇ ଗଲା
ମୁଁ କିନ୍ତୁ କେବେ ଏକ୍‌ଲା ନୁହେଁ।

ଠିକ୍ ବିଜୁଳି ପରି ସିଏ
ଦେଖୁ ନ ଦେଖୁଣୁ ଉଭାନ୍ ହେଇଯାଏ
କୁଆଡ଼େ ଛୁ'ମାରେ।
କିନ୍ତୁ ଚାଲିଗଲା ପରେ ରହିଯାଏ, ଭେଦିଯାଏ
ପାହାଡ଼ ଦୁଲୁକି ଉଠେ, ଦୁଲୁକି ଉଠେ ନଈ ପଠା
ଆଉ ବି ଦୁଲୁକି ଉଠେ ରକ୍ତ, ମାଂସ, ହାଡ଼।

ଦେଖୁନ, ଆଜି ନଥାଇ ବି କେମିତି
ହଜାରେ ଦେହ ଧରିଛି। ଯେମିତ କୁନି କୁନି
ପ୍ରତ୍ୟେକ ଢେଉରେ ନାଚୁଛି ଭିନ୍ନେ ଭିନ୍ନେ ଜହ୍ନ
ପ୍ରତ୍ୟେକ ଘାସ ଆଗରେ ଝୁଲୁଛି ବିନ୍ଦୁଏ ବିନ୍ଦୁଏ ସୂର୍ଯ୍ୟ।

ସଞ୍ଜର ବଢ଼ିଲା ଛାଇ ତ ସିଏ
ରାତିରେ ଝିଙ୍କାରୀର ଡାକ ତ' ତା'ର ଡାକ
ବର୍ଷା ଆଡ଼କୁ ସିନା ତାର ରୁଣୁଝୁଣୁ ହାତ ଲମ୍ବି ଯାଉନି
କିନ୍ତୁ ଆଜି ବର୍ଷା ତ ତା'ରି ହାତ ହେଇ
ମୋତେ ଛୁଇଁ ଦେଉଛି
ହାଡ଼ର ରିଡ଼୍‌ରେ ରୁଣୁଝୁଣୁ ସଙ୍ଗୀତ ତୋଳୁଛି।

ସିଏ ସିନା ଏକଲା କରି ଦେଇଗଲା
ମୁଁ କିନ୍ତୁ କେବେ ଏକ୍‌ଲା ନୁହେଁ।

॥ ଆଜି କୁଆଡ଼େ ଯିବାନି ॥

ଆଜି କୁଆଡ଼େ ଯିବାନି
ଏଇଠି ବସିବା ।

ସୁନା ସଞ୍ଜରେ
ଦୂର ପାହାଡ଼, ଡେଙ୍ଗା ଦେବଦାରୁ
ଛାଇ ପାଲଟନ୍ତି
ବାଦୁଡ଼ି ସବୁ ପଲପଲ ହେଇ
କେଉଁଠୁ କେଜାଣି ଉଡ଼ି ଆସନ୍ତି ।

ତୁମ ଚୌକିକୁ
ଆଉ ଟିକେ ପାଖକୁ ଟାଣି ଆଣନା
ପ୍ଲିଜ୍ ।
ରାତିର ବସାରେ ଦୁଇଟି ଚଢ଼େଇ ପରି
ଆମେ ବି ପାଲଟି ଯା'ନ୍ତେ
ଦୁକୁ ଦୁକୁ ଦୁଇଟି ଛାଇ ।

କେତେ କେତେ ଛାଇ
ଖରାରେ ହଳଦୀ ବସନ୍ତ ପରି
ଆମ ଆଗରେ ଜଳି ଉଠନ୍ତେ
ଆଉ ସେ ସବୁର ଛାଇର ଛାଇ
ଆମକୁ କରନ୍ତା ଦୁଇଟି ମହାଛାଇ
ଯେମିତି ଅରଣ୍ୟ, ଯେମିତି ସମୁଦ୍ର ।

ପବନ ଯେମିତି
ମରୁଭୂମିର ବାଲିକୁ ଘଡ଼ିକୁ ଘଡ଼ି ସଜଉ ଥାଏ
ଆମେ ସେଇମିତି ଆମ ଛାଇ ସବୁକୁ

କ୍ଷଣିକ ଚିରନ୍ତନତାରେ ସଜେଇବା
ନିଦ୍ରାବତୀର ପତ୍ରଭଳି
ଦୁଇଟି ଜ୍ୱଳନ୍ତ ଛାଇ
ଏ ସୁନା ସଞ୍ଜରେ ବୁଜି ହେଇଯିବା
ସକାଳର ଆଶାରେ, ଆଲୁଅର ପ୍ରତୀକ୍ଷାରେ ।

ଆଜି ଆଉ କୁଆଡ଼େ ଯିବାନି
ପାଖାପାଖି ଟିକେ ଏଇଠି ବସିବା ।

॥ ଏ କବିତା ତୁମ ପାଇଁ ॥

ଏ କବିତା ତୁମ ପାଇଁ
ଖାଲି ତୁମର ପାଇଁ।

ଆଉ କେହି ପଢୁ ବା ନପଢୁ
ଘଡ଼ିଏ ପରେ ସେ ଥାଉ ବା ନଥାଉ
ମୋର କିଛି ଯାଏ ଆସେନି
ତୁମେ ପଢ଼ିଲେ ହେଲା
ସେଇ ମୋର ଢେର।

ସମୁଦ୍ର ଆକାଶକୁ ଧରି କେତେ ନୀଳ ହେଲା
ମେଘ ଆଉ କୁହୁଡ଼ିକୁ ଟପି ଏ ଶିଖରୀ
ସୂର୍ଯ୍ୟକୁ କେତେ ନିଜର କଲା
ଅଦା ବେପାରୀ କାକର ଟୋପା ତା' ଖବର ରଖେନି
ବିନ୍ଦୁଏ ଆକାଶ, ବିନ୍ଦୁଏ ସୂର୍ଯ୍ୟକୁ ଧରି
ମୁହୂର୍ତ୍ତେ ଜଳି ଉଠେ ଆଉ ବିନ୍ଦୁଏ ଅନନ୍ତକୁ
ସେଇ ଜ୍ୱଳନ ଭିତରେ ଧରି ରଖେ। ବାସ୍ ସେତିକି।

ମୋ କବିତା ତ
ବେଳା ଭୂଇଁରେ ପାଦ ଚିହ୍ନ ପରି
ଚହଲା ଅନନ୍ତର ସ୍ମୃତିଟିଏ
ପଢ଼ିଲେ କାହାକୁ ପାଇବ ?
ତୁମକୁ, ମୋତେ ନା ସାରା ବିଶ୍ୱ ବ୍ରହ୍ମାଣ୍ଡକୁ ?

ଏ କବିତା ତୁମ ପାଇଁ
ତୁମେ ପଢ଼ିଲେ ହେଲା
ସେଇ ଢେର୍‌ ।

(ଆକାଶବାଣୀ କଟକ ସୌଜନ୍ୟରୁ)

॥ ସ୍ନେହ କାଙ୍ଗାଳ କବିଟିଏ ମୁଁ ॥

ସ୍ନେହ କାଙ୍ଗାଳ
କବିଟିଏ ମୁଁ
ମୋତେ ଟିକେ ପଢ଼ିବ ?
ତୁମର କିଛି ଯିବନି
ଅଥଚ ମୋତେ ସବୁ ମିଳିଯିବ।

ମୋ’ କବିତାରେ
ଦର୍ଶନ ଫର୍ଶନ କିଛି ନାହିଁ
ଇଏତ ଘଡ଼ିଏ ଅନ୍ତରଙ୍ଗ ଆଳାପ
ସବୁ କହିଯିବା, ସବୁ ବୁଝି ଯିବାର
ମଞ୍ଜୁ ନୀରବତା।

ସେଇ ନିତି ଦିନିଆ କଥା
ସେଇ ପ୍ରଜାପତି, ସେଇ ଫୁଲ
ହସ, କାନ୍ଦ, ଘାସରେ କାକର
ବାସ୍, କବିତା ଆଉ କ’ଣ କି ?
ଏଇ ସବୁକୁ ଆଉ ଥରେ ଦେଖିବା
ଆଉ ଥରେ ଦେଖି ନିଜକୁ ଦେଖିବା
ସାରା ବିଶ୍ୱକୁ ପାଇବା।

ମୋ' କବିତା ତ
ରକ୍ତରେ ମାଞ୍ଜି ଦିଆ
ସଂପର୍କର ଡୋର
ତୁମ ସହ, ସମସ୍ତଙ୍କ ସହ
ମୋତେ ଯୋଡ଼ି ଦିଏ
ଆଉ ବି ଯୋଡ଼ି ଦିଏ
ମାଟି ସହ ଏ ଆକାଶ।

ମୋ' କବିତା ତ
ଲୁହ ଆଉ ସ୍ୱପ୍ନ ବୋଳା
ଶବ୍ଦର ଦର୍ପଣଟିଏ
ଯିଏ ମୁହଁ ଦେଖେ
ତାଆରି ମୁହଁ ଦିଶେ
ତା'ରି ନୂଆ ନୂଆ ମୁହଁ।

ସ୍ନେହ କାଙ୍ଗାଳ କବିଟିଏ ମୁଁ
ମୋତେ ଥରେ ପଢ଼ିବନି ?

।। ତତ୍ତ୍ୱ ଫତ୍ତ୍ୱ ବହୁତ ହେଲା ।।

ତତ୍ତ୍ୱ ଫତ୍ତ୍ୱ ବହୁତ ହେଲା
ସେଥିରୁ ଭଲା ଘଡ଼ିଏ ମୁକ୍ତି ମିଳନ୍ତା... ।

ଏ ଯୁଗ ତ ତତ୍ତ୍ୱର ଯୁଗ, ବୁଦ୍ଧିର ଯୁଗ
ଆମ ମୁଣ୍ଡ ସବୁ
ବର୍ଷା ପରେ ମାଟିବୋଳା ଚାରାଗଛ ପରି
ସେ ସବୁର ଭାରରେ ଅବନତ ।

ମୋ' କବିତା
ବୋଝ ଉପରେ ଲଳିତା ବିଡ଼ା ନୁହେଁ
ଔଷଧ ଖାଇ ଖାଇ
ସେଇ ଔଷଧ ଯୋଗୁଁ
ଭୋଗୁଥିବା ରୋଗୀଟିଏ ପାଇଁ
ଆହୁରି କଡ଼ା ଔଷଧ ନୁହେଁ
ସରଳ ପଥିର ବ୍ୟବସ୍ଥାଟିଏ ।
ଏହାକୁ ପଢ଼ିଲେ ମୁଣ୍ଡ ଗରମ ହୁଏନି
ଛାତି ତଳେ ଟିକେ ଯା' ଚହଲିଯାଏ
ମନ ଚହଲି ଯାଏ ।

ମନ ଚହଲି ଗଲେତ ସବୁ ଚହଲି ଯାଏ
ମୁଣ୍ଡ ଘୂରି ଯାଏ
ଘୂରି ଯା'ନ୍ତି ସୂର୍ଯ୍ୟ, ଚନ୍ଦ୍ର, ତାରା
ପାଦ ତଳୁ ଭୂଇଁ ଖସି ଯାଏ

ଦୋହଲି ଯାଏ ନିଜର ଅସ୍ତିତ୍ୱ
ଅସ୍ତିତ୍ୱ ବିଶ୍ୱ ବ୍ରହ୍ମାଣ୍ଡର
ଆଉ ତା'ରି ଭିତରେ ବଞ୍ଚିବାର ମଞ୍ଜିଟି
କେତେବେଳେ ମିଳିଯାଇଥାଏ
ଜାଣି ହୁଏନି।

ମୋ' କବିତା ତ ଏଇ ଅଜଣା ପାଇବାଟିଏ
ବୁଦ୍ଧିର ଖଣିକୁ ଖୋଳି ଖୋଳି ନୁହେଁ
ପଡ଼ିଆ ପଡ଼ିଥିବା ମନରେ ସ୍ୱପ୍ନର ମଞ୍ଜି ବୁଣି
ଯାହା ମିଳିଥାଏ ତା'ରି ପାଇବାଟିଏ।

।। କବିତାଟିଏ ଲେଖା ହୁଏ ।।

ବ୍ରହ୍ମା ବିଲ୍ ବିଲେଇବାରୁ ସିନା ବେଦ
ନିପଟ କବିଟିଏ ମୁଁ ଖାଲି କବିତା ଲେଖେ।

ସାରା ସଂସାରକୁ ତ ଆବୋରି ନେଇଛି
ଭଲ ପାଇବାର ତାରବାଡ଼ରେ ଶୋଇ ପାରୁଛି ଯେ
ସ୍ୱପ୍ନ ଦେଖି ବିଲ୍ ବିଲେଇବି।

ତଥାପି ମୋ' ଭିତରେ ଅଜଣା ବ୍ରହ୍ମାଟେ ଶୋଇଥାଏ
ସ୍ୱପ୍ନରେ ବିଲ୍ ବିଲେଇ ସେ ଚମକି ଉଠିଲେ
ଆଉ ଶୋଇ ହୁଏନି କି ଚାହିଁ ବି ହୁଏନି।

ଶବ୍ଦ ସବୁ ଘୋଟି ଯା'ନ୍ତି
          ମେଘ ପରି ଅନ୍ଧାର ପରି
ଶବ୍ଦ ସବୁ ଫୁଟି ଉଠନ୍ତି
          ତାରା ପରି ଫୁଲ ପରି
ସେମାନେ ଲୁଚକାଳୀ ଖେଳନ୍ତି
ପାରାଙ୍କ ଭଳି ପୁଣି ଲୋଟଣି ଭାଙ୍ଗନ୍ତି
ନୀରବତାର କିଚିରି ମିଚିରିରେ
          କାନ ବଧିର କରି ଦିଅନ୍ତି।

ମୁଁ ଖାଲି ଜଡ଼ ପାଲଟେ ଅଜଣା ପୁଲକରେ
ଆନନ୍ଦରେ ଉଛୁଳି ଉଠେ
ଧରି ନପାରିବାର ଅଜବ ଦୁଃଖରେ।

ଠିକ୍ ସେତିକି ବେଳେ
ମୋ' ଭିତରେ ବିଶ୍ୱକର୍ମା କେଉଁଠି ଥାଏ କେଜାଣି
ତଡ଼ିତ୍-ଜଡ଼ ଶବ୍ଦ ସବୁକୁ ଧରିନେଇ
କେତେ ବାଗରେ ଗୋଟିକ ପରେ ଗୋଟେ ଖଞ୍ଜେ
ଖଞ୍ଜେ, ଭାଙ୍ଗେ ପୁଣି ଗଢ଼େ। ଏଇମିତି କରୁ କରୁ
କ'ଣ ହୋଇଯାଏ ସେ ବିଶ୍ୱକର୍ମା ଜାଣି ପାରେନି
ସେ ବ୍ରହ୍ମା ବି ବୁଝି ପାରେନି।
ବିଲ୍ ବିଲେଇବା ବେଦ ପାଲଟେ
କବିତାଟିଏ ଲେଖା ହେଇଯାଏ
ଅକସ୍ମାତ୍ ଧୀରେ ଧୀରେ।

।। ସବୁବେଳେ ଗୋଟିଏ କଥା ।।

ସବୁବେଳେ ଗୋଟିଏ କଥା
ମୋ' ଦେଇ କିଛି ହେଲାନି
କବିତା ସାରି ଦେଲା ।

ତୁମର ଦୃଢ଼ ଧାରଣା
କବିତା ପାଲରେ ପଡ଼ିଲେ ଲୋକ ଅକର୍ମା ହୁଏ
ଘର ଦ୍ୱାର, ଛୁଆ ପିଲା ଭୁଲି
ତା'ରି ପଛରେ ମାତେ ।

ସାରା ସଂସାର ତ ମୋର
ଧୂଳି ଠାରୁ ପାହାଡ଼, କାକର ଠାରୁ ସାଗର
ସବୁ ମୋ' କଲମ ମୂନରେ ଥୁଆ
ଟୋପାଏ ଲୁହ କେଉଁଠି ଝରିଲେ ମୁଁ ଜଡ଼ସଡ଼ ହୁଏ
ଡାଳଟିଏ କଟାହେଲେ ମୁଁ ଲହୁଲୁହାଣ ହୁଏ
ଫୁଟନ୍ତ ଫୁଲର ରଙ୍ଗରେ ମୁଁ ଉଜ୍ଜୁଳି ଉଠେ, ପୁଣି
ଚଢ଼େଇର ଗୀତରେ ଭରିଯାଏ ମୋ ଛାତିର ସବୁ ନୀରବତା
ତଥାପି ତୁମେ କୁହ ମୋର କିଛି ନାହିଁ
ମୁଁ ଯେ ଦୀନହୀନ କୁବେରଟିଏ
ଏକଥା କ'ଣ ବୁଝ ?

ମୁଁ କ'ଣ ଈଶ୍ୱରଙ୍କ ଫଟୋଗ୍ରାଫର କି
ତାଙ୍କ ସୃଷ୍ଟିର ଫଟୋ ଉଠାଉଥିବି
ମୁଁ କ'ଣ ଈଶ୍ୱରଙ୍କ "ଜୀ ହାଁ" ଲୋକକି

ତାଙ୍କ ସୃଷ୍ଟିକୁ ଅନ୍ଧ ଭଳି ମାନି ନେବି
ମୁଁ ତ ଦ୍ୱିତୀୟ ଈଶ୍ୱର
ଶବ୍ଦ ଦେଇ ମୋ' ଖୁସିରେ ଏ ସୃଷ୍ଟିକୁ ସଜାଡ଼େ
ଆଉଥରେ ଗଢ଼େ ।
ମୋର ପ୍ରତିଟି ଶବ୍ଦରେ ଅସଂଖ୍ୟ ପୃଥିବୀ, ଅସଂଖ୍ୟ ଈଶ୍ୱର
ମହୁମାଛି ପରି ନୀରବତାର ଗୁଣୁଗୁଣୁ ଗୀତ ଗାଇ ସେମାନେ
ମୋ ସୃଷ୍ଟିର ନାଭି କମଳକୁ ବେଢ଼ିଛନ୍ତି ।

ସେ ନାଭି କମଳରେ ଆଉ ଏ କି ?
ତୁମେ ତ ।
ଏକଥା କଣ ତୁମେ ବୁଝ ?

ସବୁବେଳେ ସେଇ ଗୋଟିଏ କଥା
କବିତା ମୋତେ ସାରି ଦେଲା ।

।। ତୁମର ଗୋଟିଏ ଠିକଣା ।।

ତୁମର ଗୋଟିଏ ଠିକଣା
ମୋ' ସ୍ମୃତି ।

ସେଦିନ ଫୁଲଟିଏ ପରି
ଦାଉ ଦାଉ ଜଳୁଥିଲ
ତୁମକୁ ବେଢ଼ି ଯାଇଥିଲେ
ଗୁଣୁଗୁଣୁ ମୋ ସ୍ୱପ୍ନର ମହୁମାଛି ।

ହୁତୁହୁତୁ ଆଜି ବି ଜଳୁଛ
ଫୁଲ ପରି ନୁହେଁ, ଚିତାଟିଏ ହୋଇ
ତୁମକୁ ଘେରିଛି ଖାଲି
ମିଞ୍ଜି ମିଞ୍ଜି ନୀରବ ଅନ୍ଧାର ।

କାଳକୁ ପଚାରିଲି
ହେ କାଳ ! ତୁମେ ପରା ସର୍ବଗ୍ରାସୀ ?
ଅଳ୍ପ ହସି ସେ କହିଲା
"ମୁଁ ସବୁ ଖାଇଯାଏ
କିନ୍ତୁ ସ୍ମୃତିକୁ ନୁହେଁ ।
ସିଏତ ମୋତେ ଖାଇ ବଞ୍ଚେ
ଖାଇ ଖାଇ ବଢ଼େ ।"

ତୁମର ଗୋଟିଏ ଠିକଣା
ମୋ' ସ୍ମୃତି ।

।। ଯଦି ନ ରାଗିବ ।।

ଯଦି ନ ରାଗିବ
ଗୋଟେ କଥା କହନ୍ତି ।

ତୁମକୁ ତ କହିବାକୁ ଡରଲାଗେ
କାହିଁକି ନା କିଛି ଶୁଣିବା ଆଗରୁ
ଗୋଟେ ବଧୁଲି ଭୀଷଣତାରେ
ଫଁ କରି ଉଠ ।
ଧୈର୍ଯ୍ୟ ଧରି ଯଦି ଶୁଣିବ
ତେବେ କହନ୍ତି ।

ତୁମେ କ'ଣ ଜାଣି ପାରୁନ
ଆମେ କେମିତି ଘନିଷ୍ଠ ଭାବରେ
ଦୁହେଁ ଦୁହିଁଙ୍କ ଠାରୁ ଦୂରେଇ ଯାଉଚେ
ମୁକୁଳିବା ଭିତରେ ଦୁଇଟି କଅଁଳ ପତ୍ର ଯେମିତି
ଧୀରେ ଧୀରେ ପରସ୍ପର ଠାରୁ ଦୂରେଇ ଯା'ନ୍ତି
ଠିକ୍ ସେଇମିତି ।

ଆଜି ତୁମ ଆଉ ମୋ' ଭିତରେ
ଅନେକ ନୂଆ ପୃଥିବୀର ମିଠା ଗୁଣୁଗୁଣୁ
ସେମାନଙ୍କ କଅଁଳ କଣ୍ଠା ବାଡ଼କୁ ଡେଇଁ
ତୁମେ ଆଉ ମୋ' ପାଖକୁ ଆସୁନ
ସେଦିନ ପରି ପୂରା ନିଜର କରୁନ ।
ସେଇମାନେ ତ ପ୍ରିୟ ଷଡ଼ଯନ୍ତ୍ରକାରୀ

ଦେଖୁନ କେମିତି
ତୁମକୁ ମୋ ପାଖରୁ ଛଡ଼େଇ ନେଇଛନ୍ତି
ଆଉ ତୁମେ କ'ଣ କହୁଛନା
ଆମକୁ ଅଧିକ ନିବିଡ଼ କରିଛନ୍ତି, ପୂର୍ଣ୍ଣ କରିଛନ୍ତି
ଯେମିତି ଦିଗ୍‌ବଳୟରେ ଆକାଶ ଆଉ ପୃଥିବୀ

ଯଦି ନରାଗିବ କହନ୍ତି...

ଚଢ଼େଇ ପରି
ଥଣ୍ଟରେ ସେଦିନର ପୃଥିବୀକୁ ଧରି
ଘଡ଼ିକ ପାଇଁ ଯଦି ଥରେ ମୋ' ପାଖକୁ ଉଡ଼ି ଆସନ୍ତ
ଅପୂର୍ଣ୍ଣତାରେ ପୂରି ଉଠନ୍ତି
ସମୟର ଚିକ୍‌କଣ ହାତକୁ ବି ଟିକେ ଟାଣି ଧରନ୍ତି ।

ଯଦି ନ ରାଗିବ
ଗୋଟେ କଥା କହନ୍ତି ।

॥ ମନେ ଅଛିନା ! ॥

ମନେ ଅଛି ନା
ପ୍ରଥମ କରି ଯେଉଁଦିନ
ଆମ ଗାଁକୁ ଯାଇଥିଲ ?

ସହରିଆ ଝିଅ ତୁମେ
ଆଖିରେ ଗାଁ ଦେଖିବାର କୌତୂହଳ
କିନ୍ତୁ ରାତିରେ ଯେତେବେଳେ ବିଲୁଆ ଡାକ ଛାଡ଼ିଲେ
ଆଉ ପରେ ପରେ ବର୍ଷା ଆରମ୍ଭ ହେଲା
ପବନରେ ଚାଳ ଘର ଉଠିଲା ପଡ଼ିଲା
ସେତେବେଳେ ବହିରେ ପଢ଼ିଥିବା ଗାଁର କଅଁଳ ଛବିଟା
ତୁମ ଆଖିରୁ ଧୀରେ ଧୀରେ ନିଭି ଆସୁଥିଲା, ନୁହେଁ ?
ତୁମେ ଖୁବ୍ ଡରିଯାଇ କହିଥିଲ
'ଓଃ' ଏଠି ରାତିଟା ପ୍ରକୃତରେ ରାତି
ଅନ୍ଧାର କେତେ ଅନ୍ଧାର ସତେ !"

ତା'ପରେ ବର୍ଷା ଛାଡ଼ିଯାଇଥିଲା
କଇଁଫୁଲ ପରି ବିଛାଡ଼ି ହେଇ ପଡ଼ିଲା ଜହ୍ନଆଲୁଅ
ଅସଂଖ୍ୟ ବେଙ୍ଗଙ୍କ ରଡ଼ିରେ ଶୂନ୍‌ଶାନ୍ ଗାଁ ଲାଗିଲା ଆହୁରି ଶୂନ୍‌ଶାନ୍
ଯୁଗଯୁଗର ନୀରବତା ସେ ଡାକରେ ଉଛୁଳି ପଡୁଥିଲା
ଯୁଗଯୁଗର ଭୋକ ଆହୁରି ଭୋକିଲା ହେଇ ଜଳି ଉଠୁଥିଲା
ଦେହର ନିଆଁ ଯେମିତି ବାଡ଼ବାଗ୍ନି ପରି ଡେଇଁ ପଡୁଥିଲା ଏ ଡାଳରୁ ସେ ଡାଳକୁ
ତୁମେତ ସହରୀ ଝିଅ । ବେଙ୍ଗର ରଡ଼ି ଯେମିତି ସେଦିନ ପ୍ରଥମ ଶୁଣିଲ
ଆଉ ଚୁପ୍‌ଚାପ୍ ଶୋଇ ପଡ଼ିଲ ଅଜଣା ଭୟର ଆନନ୍ଦରେ ।

ସକାଳ ଆସିଲା ଗାଉଁଲି ଝିଅଟି ପରି ସରଳ ସୁନ୍ଦର
ରତାରାତି ଯେମିତି ଗାଁ ଭୂଇଁ ସବୁ ବଦଳି ଯାଇଥିଲା
ଆଉ ରାତାରାତି ତୁମେ ବି ବଦଳି ଯାଇଥିଲ
ପୂରା ବଦଳି ଯାଇଥିଲ ବର୍ଷା ଭିଜା ଗାଁ ଭୂଇଁ ପରି ।

।। କେବେ ତ କିଛି ଦେଇ ପାରିଲିନି ।।

କେବେ ତ କିଛି ଦେଇ ପାରିଲିନି
କ'ଣ ଦିଅନ୍ତି, ମୋର କ'ଣ ବା ଦେବାର ଅଛି
କବିତାଟେ ଲେଖିଛି, ପଢ଼ିବି !

ତୁମେ କିଏ ?
ଡାହାଣୀ, ଚିରିକୁଣୀ ନା ପିତାଶୁଣୀ
ମାଲୁଣି ବୁଢ଼ୀ ଅବା କେଉଁ ଅସୁରୁଣୀ
ତୁମେ ଆସିବା ଦିନଠୁ ମୋର ଯେମିତି
କ'ଣ ହେଇଗଲା, ସବୁ ବଦଳି ଗଲା ।

କି କୁହୁକ କଲ
ସବୁ ଜିନିଷ ଭିନେ ଦିଶିଲେ
ସବୁ ଭିନେରେ ତୁମେ ହିଁ ଦିଶିଲ
କେଉଁ ନୀରବତାର ଏ ଗୁଲୁଗୁଲୁ କଥା
ମୋ' ରକ୍ତରେ ଭରିଲ ।

ଏ କେଉଁ ଦେବା
ଯାହାର ଜିନିଷ ତାକୁ ଫେରାଇ ଦେବା

କେବେ ତ କିଛି ଦେଇ ପାରିଲିନି
କବିତାଟେ ଲେଖିଛି
ଟିକେ ପଢ଼ିବ !

।। ଦେଖିଲଣି କେତେ ଫୁଲ ଫୁଟିଛି ।।

ଦେଖିଲଣି, କେତେ ଫୁଲ ଫୁଟିଛି

ଚୁଲି ଫୁଙ୍କୁଥିଲେ ଫୁଙ୍କୁଥିବ
ତୁମ ବେଳକୁ ତ ଆଉ ତା' ବେଳ ହେବନି
ଏ ଟିକିଟିକି ଫୁଲ, ପ୍ରଜାପତିଙ୍କ ଖେଳ
କ'ଣ ସବୁବେଳେ ଥିବ
ଟିକେ ଖାଲି ଦେଖିଯାଅ ।

ସେଦିନ କେତେ ଫୁଲ ରଙ୍ଗୁଣି ନଥିଲ
ଫୁଲ ଫୁଲ ହେଇ ପାଗଳ କରି ଦେଉଥିଲ
ମୁଁ କିନ୍ତୁ ଫୁଲ ପାଇଁ ବ୍ୟସ୍ତ ନଥିଲି
ତୁମେ ତ ଥିଲ ।

ଏ ପ୍ରଜାପତି ଯେମିତି ସେଦିନର ସବୁ ବାଜେ କଥା
ଏମାନଙ୍କୁ ଦେଖିଲେ ଆଜି ମନ ଚହଲି ଯାଏ
ମଲା ପ୍ରଜାପତିର ଡେଣାକୁ ପିମ୍ପୁଡ଼ି ଟାଣିଲେ
ସେ ଯେମିତି ଟିକେ ଦୋହଲି ଯାଏ
ଠିକ୍ ସେଇମିତି ।

ଦେଖିଲଣି କେତେ ଫୁଲ ଫୁଟିଛି ।

॥ ଫୁଲଟିକୁ ତୋଳି ନେଲେ ॥

ଫୁଲଟିକୁ ତୋଳି ନେଲେ
କିମ୍ବା ପ୍ରଜାପତିକୁ ଧରିଦେଲେ
ସବୁ କେମିତି ବଦଳି ଯାଏ
ଫୁଲ ଆଉ ଫୁଲ ହୋଇ ରହେନି
ପ୍ରଜାପତି ବି ତାର ପ୍ରଜାପତିତ୍ୱ ହରାଏ।

ତମେ ପରା ଫୁଲଟିଏ, ପ୍ରଜାପତିଟିଏ
ସେଇଥି ପାଇଁତ ମୋର ଏତେ ଶଙ୍କା, ଏତେ ଭୟ
ଧରିଦେଲେ କାଳେ ତୁମେ ଆଉ ତୁମେ ହୋଇ ରହିବନି
ସବୁଦିନ ଲାଗି ହରାଇ ବସିବି।

କିନ୍ତୁ ସେଦିନ ଯେ ତୁମେ
ବାହୁ ଫାଶରେ ମୋ' ଧରା ଦେଇ
ଫୁଲଟିଏ ପରି ଫୁଟି ଉଠିଲ
ପ୍ରଜାପତି ପରି ନାଚିଗଲ
ଅନ୍ଧାରି ରଙ୍ଗରେ, ନିଥର ଚପଳତାରେ।
ତୁମେ କ'ଣ ଫୁଲ ନୁହେଁ, ପ୍ରଜାପତି ନୁହେଁ?
ତେବେ ତୁମେ କିଏ? କିଏ ତୁମେ?
ହସିହସି କହିଥିଲ
'ମୁଁ ଫୁଲ ନୁହେଁ, ପ୍ରଜାପତି ନୁହେଁ
ମୁଁ ପରା ମୁଁ। ତୁମେ ଧରିଦେଲେ
କିମ୍ବା ତୋଳି ନେଲେ ଯାଇ
ମୁଁ ଫୁଲ ହୁଏ, ପ୍ରଜାପତି ହୁଏ।'

॥ ଦେଇଥିବା କଥା ସବୁ ॥

ଦେଇଥିବା କଥା ସବୁ ଭୁଲିଗଲା ପରେ
ଦେଖିଥିବା ସ୍ୱପ୍ନ ସବୁ ଭାଙ୍ଗିଗଲା ପରେ
ଉଜାଗର ରାତି ରହିଯାଏ, ତୁମେ ରହିଯାଅ ।

ଏତେ କଥା ଦେବାକୁ ତ କହିନଥିଲି
କହିବି ନଥିଲି ମୋତେ ନେଇଯାଅ ସ୍ୱପ୍ନ ରାଇଜକୁ
ସେଦିନର ସ୍ମୃତି ଭିତରେ ଶିଶିରିତ ସୂର୍ଯ୍ୟ ତୁମେ ନଥାଇ ବି ଥିଲ
ଆଉ ଚୁମ୍ବିତ ଅଧରର କୁମାରୀ କମ୍ପନ ପରି
ଏକ ଅପୂର୍ବ ଶୂନ୍ୟତାରେ ମନ ଭରି ଦେଇଥିଲ ।

କେତେ ଆଶାରେ କାନ୍ଥରେ ଉଠିଥିବା ବଟ ଚାରାଟି ପରି
ତୁମକୁ କୋଳେଇ ଥିଲି । ସବୁଜର ସ୍ୱପ୍ନ ଦେବ, ଛାଇର ଶୀତଳତା ଦେବ
ମୁଁ କ'ଣ ଜାଣିଥିଲି ଏ ମାୟାବୀ ଆଶ୍ଲେଷ ଏତେ ନିବିଡ଼ ଯେ
ଦେଖିଥିବା ସ୍ୱପ୍ନ ପରି, ଦେଇଥିବା କଥା ପରି
ମୋତେ ବି ଖଣ୍ଡ ଖଣ୍ଡ କରି ଦେବ
ଶିରା ପ୍ରଶିରାରେ ଦୂରତା ହୋଇ ସେ ପଶିଯିବ ଆଉ
ମରୁଭୂମିର ପୂର୍ଣ୍ଣତାରେ ସବୁ ଶୂନ୍ୟ କରିଦେବ ।

ଦେଇଥିବା କଥା ସବୁ ଭୁଲିଗଲା ପରେ
ଦେଖିଥିବା ସ୍ୱପ୍ନ ସବୁ ଭାଙ୍ଗିଗଲା ପରେ...

।। ସବୁବେଳେ ଗୋଟିଏ ପ୍ରାର୍ଥନା ।।

ମୁଁ ତୁମର
ମନେ ପଡ଼େ ନା ନାହିଁ ଜାଣେନି
ମୋ' ପାଖରେ କିନ୍ତୁ
ମନେ ପଡ଼ିବାର ପ୍ରଶ୍ନଇ ଉଠେନି
ତୁମେ ତ ସବୁବେଳେ ମନରେ ଥାଅ

ତୁମେ କ'ଣ ଢେଉଟିଏ ନା ଝଡ଼ଟିଏ ଯେ
କ୍ଷଣକ ପାଇଁ ଉଠି ଛାଡ଼ିଯିବ। ତୁମେ କ'ଣ
ସୂର୍ଯ୍ୟଟିଏ ନା ଜହ୍ନଟିଏ ଯେ ଉଦୟ ହେଇ ଅସ୍ତଯିବ
ତୁମେ ତ ଆକାଶ, ତୁମେ ତ ସମୁଦ୍ର
ଗୋଟେ ସବୁଦିନ, ସବୁବେଳ।

ସବୁବେଳେ ଗୋଟିଏ ପ୍ରାର୍ଥନା
ତୁମ ସାଥିରେ କେବେ ଦେଖା ନହେଉ
ସବୁଦିନ ତୁମେ ରହିଥାଅ
ସ୍ମୃତିର ନିବିଡ଼ ଫରୁଆ ଭିତରେ
ଦୂରର ଅଙ୍ଗନିଭା କୁହୁକ ଭିତରେ।
ସେଠି କ'ଣ ତୁମକୁ କାଳ ଛୁଇଁ ପାରିବ ?
କାଳ ସିନା ଆଖିକୁ ତାଡ଼ିନିଏ, ନିଦକୁ ନୁହେଁ
ମୋତେ ସିନା ଖାଇଯିବ, ସ୍ମୃତିକୁ ନୁହେଁ।

ସେଇଥି ପାଇଁ ତ ଗୋଟିଏ ପ୍ରାର୍ଥନା
ତୁମ ସାଥିରେ କେବେ ଦେଖା ନହେଉ
ଦେଖା ହେଲେ ସେ ତୁମକୁ ମୁଁ ଦେଖି ପାରିବିନି
ଆଉ କେବେ ପାଇ ପାରିବିନି।

॥ ରାଗିଲେ କ'ଣ ହେବ ॥

ଆଜି ରାଗିଲେ କ'ଣ ହେବ
ତୁମେ ତ କବିତା ଲେଖା ଶିଖେଇଲ

ମନେ ଅଛିନା
ଚୁପ୍‌ଚାପ୍ ମୋ' ଖାତାରୁ କବିତା ପଢୁଥିଲ
ଆଉ ଖାଲି ତୁମେ ପଢ଼ିବ ବୋଲି ମୁଁ ଲେଖୁଥିଲି
ଜହ୍ନ ଉଇଁଲେ କଇଁ ନଫୁଟି କ'ଣ ରହିପାରିବ ?

ଜହ୍ନ କିନ୍ତୁ ଭାରି ପାରିବାର
ସମୁଦ୍ରରେ ସେ ଜୁଆର ଆଣେ
କଇଁ ପାଇଁ ତାର ଯାଏ କେତେ ଆସେ କେତେ ?
ଜହ୍ନ ଜୁଡୁବୁଡୁ କଇଁ କିନ୍ତୁ ନାଚାର
ଫୁଟିବାକୁ ବାଧ୍ୟ।

ତମେ କେମିତି ଜାଣିବ
କବିତାଟିଏ ପାଇଁ ମୁଁ କେତେଥର ବଞ୍ଚେ
କେତେଥର ମରେ। କେଉଁ ସନ୍ନ୍ୟାସ ଆସକ୍ତିରେ
ଜଳିପୋଡ଼ି ପାଉଁଶ ହେଇଯାଏ।

ଆଜି ରାଗିଲେ କ'ଣ ହେବ
ତୁମେ ତ କବିତା ଲେଖା ଶିଖେଇଲ।

॥ ସେଦିନର ଜହ୍ନ ତୁମେ ॥

ସେଦିନର ଜହ୍ନ ତୁମେ
ତୁମରି ଚିନ୍ତା ତ ଜହ୍ନରାତି ମୋର।

ତୁମେ ତ ଛୁଆଙ୍କଠୁ ବଳି
ଜହ୍ନ ପାଇଁ ଅଳି କରୁଥିଲ
ମଥାର ମଣି କରିବାକୁ, ଗଳାର
ହାର କରିବାକୁ ପୁଣି କୋଳରେ ଧରି
ଗେହ୍ଲା କରିବାକୁ ଖାଲି ଜିଦି କରୁଥିଲ।

ଶୁଖିଲା ଜହ୍ନ ତୁମ ମୁହଁକୁ ଦେଖି
ଜହ୍ନ ପାଇଁ ହାତ ବଢ଼ାଇଲେ
ହସିହସି କହୁଥିଲ "ଥାଉ ଥାଉ ବହୁତ ହେଲା
ଜହ୍ନ କ'ଣ ଗଛର ଫଳଟିଏ ଯେ ତୋଳି ଆଣିବ
ପୋଖରୀ ମଝିରେ କଇଁଟିଏ ଯେ ପହଁରି ଯିବ
ନିହାତି ବୋକା ତୁମେ, ଆଜିଯାଏ କିଛି ଜାଣିଲନି
ଜହ୍ନ ଚିହ୍ନିଲନି, ଜହ୍ନ ବୁଝିଲନି
ଧିକ୍ ତୁମ କବିତା ଲେଖାକୁ।"

ଆଃ !
ଏ ଜହ୍ନ ଦେଖି ନଥିବା ସ୍ୱପ୍ନଟେ ଯେମିତି
ଯେମିତି ପରିଚିତ ଅଜ୍ଞାତଟିଏ।

ସେଦିନର ଜହ୍ନ ତୁମେ
ତୁମରି ଚିନ୍ତାତ ଜହ୍ନରାତି ମୋର।

।। କଥା ଦେଇଥିଲ ନା ।।

କଥା ଦେଇଥିଲ ନା
କବିତାଟିଏ ଲେଖିଲେ ଚୁମାଟିଏ ଦେବ
ତୁମା ନଦେଲ ନାହିଁ
କାହିଁକି କବିତା ଛାଡ଼ିଲ !

ବାଲିଘର, ଧୂଳିଖେଳ ପରି
ସେଦିନର କଥା ଖାଲି ମିଛ ପିଲା ଖେଳ
ସେସବୁ ଭାଙ୍ଗିଲେ ଯାଇ ସତର ଆରମ୍ଭ।

କବିତା ତ ମିଛ ପାଇଁ ମିଛ କଥା ଦେବା
ମିଛର କସ୍ତୁରୀ ଗନ୍ଧେ ମିଛେ ମିଛେ ଭୁଆଁ ବୁଲି ହେବା
ସ୍ୱପ୍ନ ପାଇ ନିଦକୁ ଭାଙ୍ଗିବା, ରାତିକୁ ଭୁଲିବା।

କବିତା ଭୁଲି ଆଜି ତୁମେ ସତକୁ ପାଇଛ
ମୁଁ କିନ୍ତୁ ମିଛ ପଛେ ଧାଁ ତୁମକୁ ପାଇଛି
କବିତା ପାଇଛି।

କଥା ଦେଇଥିଲ ନା
କବିତାଟିଏ ଲେଖିଲେ
ଚୁମାଟିଏ ଦେବ।

।। ଚାଲି ଗଲନି ଯେ ।।

ଚାଲି ଗଲନି ଯେ
ଆସିବ ଆସିବର ଆଶାଟିଏ ହୋଇ
ରହିଗଲ ।

ସେଇ ଦିନଠୁ ଚାହିଁଛି
ଚୁପ୍‌ଚାପ୍ କେତେବେଳେ ଆସି
ପଛରୁ ଆଖି ବୁଜି ଧରିବ
କହିବାକୁ ପଡ଼ିବନି
ତୁମ ଶୀତଳ ହାତର ଉଷୁମ୍‌ରୁ ଜାଣିନେବି
ଠିକ୍ ଚିହ୍ନି ପାରିବି ।

ଦାଉ ଦାଉ ଅନ୍ଧାରଟିଏ ତ ତୁମେ
ତୁମ ପାଖରେ ଆଖି ଜଳକା ମାରିଯାଏ
ତୁମକୁ, ନିଜକୁ ନା ଆଉ କାହାକୁ କ'ଣ ବାରିହୁଏ
ନା ଜାଣିହୁଏ ଅତୀତ, ବର୍ତ୍ତମାନ ଓ ଭବିଷ୍ୟତ ?

ସେଇ ଦୁକୁଦୁକୁ ଅନ୍ଧାରକୁ ଧରି
ସଞ୍ଜର ଫୁଲଟି ପରି କୁହୁଳି ଉଠିଛି
ତୁମ ସୁଲୁ ସୁଲୁ ଶୂନ୍ୟତାରେ ସେଦିନ ପରି
ଆଉଥରେ ସାଉଁଳ ଦେବନି ?
ଦେଖିବ କେମିତି
ଜଳି ଉଠିବି, ନାଚି ଉଠିବି
ନୂଆ ଅନ୍ଧାରରେ, ନୂଆ ନିଥିରତାରେ ।

ଚାଲି ଗଲନି ଯେ
ଆସିବ ଆସିବର ଆଶାଟିଏ ହୋଇ
ସବୁଦିନ ରହିଗଲ ।

॥ ସେଇ ଯେ ଗଲ ॥

ସେଇ ଯେ ଗଲ ଆଉ ଫେରିଲନି।

ତୁମକୁ ଚାହିଁ ଚାହିଁ
ନିଦ ଭୁଲିଲି, ଦିନ ରାତି ସବୁ ଭୁଲିଲି
ଶେଷରେ ଭୁଲିଲି ସବୁ ଭୁଲିଯିବା
ଚାଲି ଗଲନି ଯେ ଛାତିରେ ପଥର ହୋଇ ରହିଗଲ।

ସବୁ ମନ୍ୱନ୍ତରୀ ମୁହୂର୍ତ୍ତଙ୍କୁ ମୋର ଖାଲି ଗୋଟିଏ ପ୍ରଶ୍ନ
କେବେ ସେ ଆସିବ?

ପ୍ରଶ୍ନ ଶୁଣି ସେମାନେ କହନ୍ତି
ସ୍ୱପ୍ନ ଥରେ ଭାଙ୍ଗିଲେ ସତ ପାଲଟେ
ସତ ପାଲଟିଲେ ସ୍ୱପ୍ନକୁ ତ ଆଉ ଦେଖି ହୁଏନି
ଭଙ୍ଗା ବୋତଲ ପରି ଧାରୁଆ ସେ ଖାଲି ଲହୁଲୁହାଣ କରେ।

ସେଇ ଯେ ଗଲ ଆଉ ଫେରିଲନି।

॥ କହିବି କହିବି ହୋଇ ॥

କହିବି କହିବି ହୋଇ କହି ପାରିଲିନି
ସବୁ ଅକୁହା ରହିଗଲା ।

ତୁମେ ତ ହୁତୁ ହୁତୁ ନୀରବ ଡାକଟିଏ
ତୁମ ପାଖକୁ ଖାଲି ଧାଇଁ ଆସି ହୁଏ
କିଛି କହି ହୁଏନି ।
ପୋକ କ'ଣ ନାଆକୁ କିଛି କହେ ?
ଦର୍ପଣରେ ଜହ୍ନ ପର ମିଛ ମିଛ ସତଟିଏ ହୋଇ
ମୋ' ଛାତିରେ ସବୁ ଦିନ ରହିଗଲ

ଯଦ କହି ପାରି ଥା'ନ୍ତି
ଛାତିରୁ ବୋଝ ଯାଇ ଥା'ନ୍ତା
କିନ୍ତୁ ବୋଝ ଗଲେ ଆଉ କ'ଣ ରହନ୍ତା ଯେ ।

କହିବି କହିବି ହୋଇ କହି ପାରିଲିନି
ସବୁ ଅକୁହା ରହି ଗଲା ।

।। ଅଦେହୀ ।।

ତୁମ ମୁହଁରେ ସୂର୍ଯ୍ୟାସ୍ତର ଧାସ
ଆଖିରେ ସନ୍ଧ୍ୟା ତାରାର କାନ୍ତି ପୁଣି
ତୁମ ବକ୍ଷ ଯେମିତି ଏକ ଝଡ଼ କ୍ଷେବିତ ସମୁଦ୍ର ।

ଯେଉଁ ମୁହୂର୍ତ୍ତରେ ଜଳିଗଲ ତୁମରି ଏ ଆଖିର ଚିତାରେ
ଯେଉଁ ମୁହୂର୍ତ୍ତରେ ବୁଡ଼ିଗଲି ଦେହର ଏ ପାଗଳ ଭଉଁରୀ ଭିତରେ
ସେଇ ମୁହୂର୍ତ୍ତରେ ପାଇଲି ଯେ ଦିବ୍ୟଚକ୍ଷୁ ଚକ୍ଷୁ ହୀନତାର
ପୁଣି ଅଚଳାଚଳ କୁବେର ପୁରି ମହା ଶୂନ୍ୟତାର ।

ନିଆଁର ଅନ୍ଧାର ଭେଦି ଏ ଚକ୍ଷୁ
ଦେଖାଇ ଦେଲା ଏକ ପୁଷ୍ପିତ ଉପତ୍ୟକା
ଭଉଁରୀର ପ୍ରଶାନ୍ତି ଭେଦି ଏ ଦେହ
ଶୁଣାଇ ଦେଲା ଏକ କାକଳୀତ ନୀରବତା

ଏ ଉପତ୍ୟକା ତୁମ ମନ
ଏ ନୀରବତା ତୁମ ପ୍ରେମ
ଆଉ ତୁମେ
ଏକ ଦେହ ହୀନ ଦେହ ।

।। ବିବାହ ବାର୍ଷିକୀ-୧ ।।

ଅନେକ ଦିନ ତଳେ, ଅନେକ ଯୁଗ ତଳେ
ଏହି ଦିନ ଏକ ହୋଇଥିଲେ। ତୁମ ଆଖିରେ
ଅନେକ ସ୍ୱପ୍ନ, ଓଠରେ ଅନେକ ବସନ୍ତ
ଏ ମିଳନ ଯେମିତି ସ୍ୱପ୍ନର ପ୍ରଥମ ପାଣ୍ଡୁଲିପି
କିନ୍ତୁ ବଞ୍ଚିବା ପଛେ ଧାଇଁ ଧାଇଁ ଜୀବନ ଜଳିଗଲା
କୁଆଡ଼େ ହଜିଗଲା କେଜାଣି ସେଦିନର ସେ ପାଣ୍ଡୁଲିପି।

ଆଜି ବି ସେଦିନ ପୁଣି ଆସିଛି। ବଉଳ, ମହୁମାଛି
ଆଉ ଗୁଞ୍ଜନ ଧରି ବସନ୍ତ ଆସିଛି। ଏ ମହକରେ
ଆଜି କେଉଁ ପୋଡ଼ା ଗନ୍ଧ, ଏ ଗୁଞ୍ଜନରେ କେଉଁ
ଶୂନ୍ୟତାର ଛନ୍ଦ। ଆଜି ଆମେ ଯେମିତି
ସକାଳର ନିଷ୍ପ୍ରଭ ବତୀଖୁଣ୍ଟ ଯା' ମୂଳରେ ଖାଲି
ରାଶି ରାଶି ସ୍ୱପ୍ନର ମୃତ ଝଡ଼ିପୋକ।

ଡାହୁକର ନିଃସଙ୍ଗ ବିଳାପ ପରି ଆମ ଭିତରେ ହିଁ
ଏ ଦିନଟି ହଜିଯିବ। ବଞ୍ଚିବାର ଖଣ୍ଡିଆ ଭୂତ ସ୍ୱପ୍ନର
ସବୁ କାଠିକୁଟାକୁ ଉଡ଼ାଇ ନେଇ ଚୁପ୍‌ଚାପ୍ ଥମିଯିବ।
ଏକାନ୍ତ ଆମର ଏ ଦିନଟି ଏକ ପ୍ରଲମ୍ବିତ ବିଫଳତାର
କରୁଣ ଗୌରବ ଭାବେ ବାରମ୍ବାର ଆମକୁ ଦହି ଯାଉଥିବ।

ତଥାପି ଏ ପଉଷ ମନରେ ଏ ଦିନଟି ଏକ ବକୁଳିତ ଆମ୍ବଗଛ
ପ୍ରଜାପତିର ଇନ୍ଦ୍ରଧନୁ। ଆଉ ଆମ ବାର୍ଷିକୀ ପାଳିବା ଯେମିତି
ଏକ ଅସମ୍ଭବ ଅଙ୍ଗୀକାର, ଏକ ପ୍ରତ୍ୟାଶାହୀନ ପ୍ରତ୍ୟୟ।

।। ବିବାହ ବାର୍ଷିକୀ-୨ ।।

ପୁଣି ଥରେ ଚକ ଘୂରିଗଲା
ବାର ହାତ ଗଡ଼ିଗଲୁ ଆମେ
ବାର ହାତ ଗଡ଼ିଗଲା ଆମରି ପୃଥିବୀ
ସେଦିନଟି ପୁଣି ଆସିଗଲା ।

ସ୍ୱପ୍ନର ଏ ଦିନଟି ଅଦ୍ଭୁତ ଦିଗନ୍ତଟିଏ
ଦୂରକୁ ଦୂରକୁ ଗଲେ ପାଖେଇ ସେ ଆସେ
ପରିଚିତ ନୂତନତା ଧରି ଆମକୁ ନିଜର କରେ
ଆଲ୍‌ବମ୍‌ର ପ୍ରଥମ ପୃଷ୍ଠାକୁ ଆମ ଆଗେ ଓଲଟାଇ ଦିଏ ।

ଧୂଳି, ବୁଢ଼ିଆଣୀ ଜାଲ ଆଉ ହଳଦିଆ ପତ୍ର ଗହଳରୁ
ଏ ଦିନଟି ହଠାତ୍ ଉକୁଟି ଉଠେ, କବାଟ ଫାଙ୍କରେ ଚାପି ଯାଇଥିବା
ପ୍ରଜାପତିଟି ପରି, ପାଣ୍ଡୁର ଗାଲରେ ଶୁଖିଲା ଲୁହ ଦାଗ ପରି ।
ମନେ ପଡ଼େ ଘର କୋଣର ସେ ନିଷ୍ପ୍ରଭ ଦୀପ-
ତୁମ ଆଖିରେ ପ୍ରଜାପତି ପରି କଂପୁଥିବା ସେ ନିଷ୍ପ୍ରଭ ଦୀପ
ଆଉ ସେ ନୀଳ ଆଖି ଯହିଁରୁ ସ୍ୱପ୍ନ ସବୁ, ସମ୍ପର୍କ ସବୁ
କୁଆଁ ମେଲୁଥିଲେ, ଲଟେଇ ଯାଉଥିଲେ ଦେହରୁ ଦେହକୁ ମନରୁ ମନକୁ ।
ଆଜି ପୁଣି ସେଇଦିନ ଜଙ୍କ୍ ଲଗା ମନକୁ ମାଜି ମାଜି ଉଜ୍ଜ୍ୱଳ କରେ
ମଥାରେ ରଙ୍ଗ ଲେପି ପତଳା ବାଳକୁ କୁଣ୍ଡାଇ ଦିଏ । ସମ୍ପର୍କର ଗହଳ ଗଛରେ
କେତେ ଫୁଲ, କେତେ ଫଳ, କେତେ ଛାଇ, କେତେ ଯେ କାକଳୀ
ତା'ରି ଭିତରେ ଦରାଣ୍ଡି ବୁଲୁ ଆଲ୍‌ବାମ୍‌ର ପ୍ରଥମ ପୃଷ୍ଠାର ଆମକୁ,
ଗଜୁରୀ ଉଠୁଥିବା ସେ ଦିନର କିଶଳୟକୁ । ଆଉ ଖୋଜି ଖୋଜି ହଜିଯାଉଁ
ଏଇ ହଜିବା ଭିତରେ, ପାଇ ପାଇ ଭୁଲିଯାଉଁ ଏଇ ପାଇବା ଭିତରେ ।
ଯେମିତ ଶିଖାଟିଏ ହଜିଯାଏ
ଜଳିବା କୋଳରେ, ଫୁଲଟିଏ ହଜିଯାଏ ଫୁଟିବା ତାଳରେ ।

ଏ କେଉଁ କାକଳୀ ? ଏ କେଉଁ ପ୍ରଭାତ ?
ନୀଳ ଆଖିରେ ଏ କେଉଁ ପ୍ରଦୀପ ? କେଉଁ ଫୁଲ, କେଉଁ ଛାଇ ?
ହଳଦିଆ ପତ୍ରରେ ଏ କେଉଁ ସବୁଜ ?
କେଉଁ ଆମେ ଆଜି
କେଉଁ ତୁମେ
କେଉଁ ମୁଁ ?

।। ବିବାହ ବାର୍ଷିକୀ-୩ ।।

ରାତି ପାହିଲେ ସେଇ ଦିନଟି
ସେଇ ଚିର ଈପ୍‌ସିତ ଭୟଙ୍କର ଦିନଟି
ମଧୁର ସ୍ୱପ୍ନ ପରି ଦେଇଯିବ
ଖାଲି ଦୀର୍ଘଶ୍ୱାସର ଭେଟି।

ଏଇ ଦିନଟିରେ ଘଡ଼ି କଣ୍ଟା ଜୀବନ ଘଡ଼ିଏ ଅଟକି ଯିବ
ସ୍ମୃତିର ଖରାରେ ମନ ଲୋଟଣି ଭାଙ୍ଗିବ, ଡେଣାରେ ଅଜାଡ଼ି ପଡ଼ିବ
ଆକାଶର ନେଳି ଆଉ ଚକ୍‌ଚକ୍ ଖରା। ହଇଚଇ ସଂସାର ପାଖରୁ
ଚୋରାଇ ଆଣିଥିବା ଲାଜ ସଡ଼ସଡ଼ ଟିକେ ନିର୍ଜନତା ଭିତରେ
କିଛି ମନେ ପଡ଼ିବନି, କିଛି ଭୁଲି ହେବନି, କିଛି ସ୍ୱପ୍ନ ବି ଦେଖି ହେବନି
ଦୁହେଁ ଦୁହିଁଙ୍କ ପାଖରେ ଖାଲି ସ୍ମୃତିଟିଏ, ଖାଲି ଭ୍ରାନ୍ତିଟିଏ
ଆଃ ! ଦୀର୍ଘଶ୍ୱାସଟିଏ ହୋଇଯିବା।

ଏଇ ଦିନଟି ଆମପାଇଁ ସେଦିନ ଆଣିଥିଲା
କେତେ ନ ଦେଖିଲା ସ୍ୱପ୍ନର ସ୍ୱପ୍ନ। କେତେ ରହସ୍ୟର ସତ୍ୟ
କିନ୍ତୁ ସତ୍ୟର ରହସ୍ୟ ଭିତରେ ସବୁ କେମିତ ହଜିଗଲା
ଯେମିତି ଖରାର ଅନ୍ଧାର ଭିତରେ ହଜିଯାଏ ଜହ୍ନରାତିର ମାୟା।

ସାର୍ଥକତାର ତୃପ୍ତି ନୁହେଁ, ଅପୂର୍ଣ୍ଣତାର ହାହାକାରରେ
ସଢୁଥିବା ପୂଜାଫୁଲ, ଆମ ଦୁହିଁଙ୍କ ପାଇଁ ଏ ଦିନଟି କିନ୍ତୁ
ସବୁଦିନ ସେଇ ଫୁଲଫୁଟାର ବେଳ, ଯହିଁରେ ଛପିଥାଏ
ଶିଶିର, ଖରା ଆଉ ଅଳି ପାଇଁ ଏକ ଶଂକ୍ଷୁଭୀତ ସ୍ୱପ୍ନ
ଆଉ ସନ୍ଧ୍ୟାର ରଙ୍ଗୀନ ନୀରବତା ପାଇଁ ଏକ ନିର୍ଲିପ୍ତ ବ୍ୟାକୁଳତା।

॥ ସନ୍ଧ୍ୟା ॥

ପଶ୍ଚିମ ଯେ ଲାଲ୍ ହୁଏ, ଲମ୍ବିଯାଏ ଛାଇ
ଚାରିଆଡ଼େ ମୁଖରିତ ନୀରବତା
ଅନ୍ଧକାର ଧୀରେ ଆସେ ନଇଁ...

ସୂର୍ଯ୍ୟ ବୁଡ଼ିଯାଏ ଖାଲି ସ୍ମୃତିଟିଏ ପରି
ରାତ୍ରି ଆସେ ଦୀର୍ଘଶ୍ୱାସ ହୋଇ
ଅନ୍ଧ ପୂର୍ଣ୍ଣତା ଯେତେ ମିଟିମିଟି ତାରା
ଛାତି ଦୁକୁ ଦୁକୁ କେଉଁ ଶୂନ୍ୟତା ପାଇଁ ?

ଶୂନ୍ୟତା ପାଜୁକରା ଗାଈର ପାଟିରେ
ଶୂନ୍ୟତା ବଳଦର କ୍ଳାନ୍ତ ପାଦରେ
ଶୂନ୍ୟତା ଛଟପଟ ମାଛିଟି ଆଖିରେ
ଆଃ ! ଶୂନ୍ୟତା ବି ମନ୍ଦିରର ଘଣ୍ଟ ଧ୍ୱନିରେ ।

ଜାଲରେ ଶୂନ୍ୟତାକୁ ଛାଣି ନେଲା ପରେ
ଗାଡ଼ିରେ ଚଢ଼ି ଖେଦିଗଲା ପରେ
ଶୂନ୍ୟତାର ମାଇଲ
କେଉଁ ଶୂନ୍ୟତାର କଥା କହେ ଏ ନାଲି ଆକାଶ
କାକଳୀତ ଏ ନୀରବତା, ସଞ୍ଜୁଆ ବତାସ ?

କେଉଁ ନାଲିର ଉଦୟ ଏ କେଉଁ ଅସ୍ତାଚଳ
ଜ୍ୱଳନ୍ତ ସୂର୍ଯ୍ୟର ଏ ଯେ ଅନ୍ଧାରିତ ଖେଳ
ଅଜଣା ଅନ୍ୱେଷା ଇଏ ଚିର ଚିହ୍ନାଟିର
ତୁମର ଓ ମୋର ।

॥ ପୋଲ ॥

ପୋଲ ଯୋଡ଼ିଦିଏ ନଈର ଦୁଇଧାର ।

ତୁମ ଓ ମୋ' ଭିତରେ
କେତୋଟି ଦୀର୍ଘଶ୍ୱାସର ପୋଲ
ବର୍ତ୍ତମାନର ବର୍ତ୍ତମାନତାରେ ଟଳମଳ ।

କିନ୍ତୁ ବୁବୁ ପୋଲ ହୋଇ
ଅନନ୍ତ ଭବିଷ୍ୟତ ସହ
ଆମ ଦୁହିଁଙ୍କୁ ଯୋଡ଼ିଦିଏ
ଚପଳ କାଳର ଚିରନ୍ତନତାରେ ଦୃଢ଼ ।

ପୋଲ ଯୋଡ଼ିଦିଏ ନଈର ଦୁଇ ଧାର ।

।। ପ୍ରାପ୍ତି ।।

ଯନ୍ତ୍ରଣାର ଚିପାଖାତା ଏ ଦେହକୁ ଧରି
ଆଶା ଆଉ ଆଶଙ୍କା ସହ ଅନ୍ଧପୁଟୁଳି ଖେଳିଲି ।

ତୁମେ ଆଶା ନୁହଁ
ଆଶଙ୍କା ବି ନୁହଁ
ବର୍ଷାର ପୃଥିବୀ ପରି ଏକ ସବୁଜ ପ୍ରାପ୍ତି
ତାରକିତ ଆକାଶ ଭଳି
ଏକ ଅପୂର୍ବ ପୂର୍ଣ୍ଣତା ।

ହେ ଅନ୍ନପୂର୍ଣ୍ଣା ! ମୋତେ ନିଜର କର
ପ୍ରତୀଚୀ ଯେମିତି ବୁଡ଼ନ୍ତ ସୂର୍ଯ୍ୟକୁ
ଅବା ପଦ୍ମର ମୁଦ୍ରିତ ପାଖୁଡ଼ା
ଯେମିତି ନିଜର କରେ ପାଗଳ ଅଳିକୁ ।
ଠିକ୍ ସେଇମିତି ମୋତେ ଆପଣାର କର ।

।। ମାନସୀ ।।

ତୁମ ଅନୁପସ୍ଥିତି ଶୂନ୍ୟତା
ତୁମ ସ୍ମୃତି ଜ୍ୱାଳା
ଏଇ ଶୂନ୍ୟତାର ଜ୍ୱାଳା ହିଁ ପ୍ରେମ
ତୁମେ କିଏ ମାନସୀ ?

॥ ତୁମରି ଆକାଶେ ॥

ତୁମରି ଆକାଶେ
ଆଜି ସିନା ଏକ ଦିନର ଜହ୍ନ
ମଳିନ ପୁଣି ମୂଲ୍ୟହୀନ
କିନ୍ତୁ ଦିନେ
ଭେଦି ତୁମ ଆକାଶର ନେଳି
ଉଇଁଥିଲି ଆଉ ମୋ' ସ୍ନିଗ୍ଧ କରଣ
ତୁମ ତାରକିତ ଦେହ ଛୁଇଁଥିଲା
ଛଇଳ ଚପଳ ମନରେ ଜୁଆର ଆଣିଥିଲା
ଏକଥା ମୁଁ ଜାଣେ, ତୁମେ ବି ଜାଣ।

॥ ସ୍ମୃତି, ବିସ୍ମୃତି ॥

ବିସ୍ମୃତିର ଅନ୍ଧାର ଗଳିରେ
ସ୍ମୃତିର ଦୁଇଟି ବତୀଖୁଣ୍ଟ
ଗୋଟିଏ ତୁମ ପରିଚୟ
ଅନ୍ୟଟି ବିଦାୟ।

॥ ଗୋଲାପ ॥

ଏ ଗୋଲାପରେ ତୁମ ଓଠର ରଙ୍ଗ
ଆଉ ସେ ଓଠରେ ଯେ ମୋହରି ରକ୍ତ

ଏ ଫୁଲକୁ ମଥାରେ ଖୋସିବା ଆଗରୁ
ହେ ଯାଜ୍ଞସେନୀ ! ଥରେ ଭଲକରି ଭାବ
ସଉକ୍‌ରେ ମୋ' ରକ୍ତକୁ ଆଉ
ତୁମ କବରୀରେ ନେସୁନ ତ ?

॥ ତୁମ ଆଖିର ପାଣ୍ଡୁଲିପି ॥

ତୁମ ଆଖିର ପାଣ୍ଡୁଲିପି ପଢ଼ିଲି
     ଆଉ ଜାଣିଲି ମୃତ୍ୟୁ କ'ଣ,
ତା' ଜ୍ୟୋତିର ଶୀତଳତାରେ ଜଳିଗଲି
ଆଉ ଅନୁଭବ କଲି ମୁଁ କ'ଣ।

ଅମା ଆକାଶର ଅନ୍ଧାରରେ
ଶ୍ୟାମା ମୁହଁର ଭୀଷଣତାରେ
ପୁଣି ଜୀବନର ସ୍ୱଚ୍ଛ ପରିଧି ଭିତରେ
ଯୁଗ ଯୁଗ ଧରି ଏ ମୃତ୍ୟୁକୁ ଖୋଜିଛି
କିନ୍ତୁ ପାଇନି ତ କେବେ
ତେଣୁ ଜୀବନ ପାଇନି।

ତୁମ ଆଖିର ଜ୍ୟୋତି
ଆକାଶର ଅରୁନ୍ଧତି
କାଳୀ ମନ୍ଦିରରେ ପ୍ରଦୀପର ମଳିନ କାନ୍ତି
ମୋ' ଜୀବନରେ ଫିଟାଇଛନ୍ତି
ମୃତ୍ୟୁର ତୃତୀୟ ନେତ୍ର
ଆଉ ସେ ନେତ୍ରର ଘନକୃଷ୍ଣ ଶିଖା
ପ୍ରାଣକୁ ଉଦ୍ଭାସିତ କରିଛି।
କେବଳ ସୁନ୍ଦର କରିନି
କରିଛି ଅପୂର୍ବ।

।। ସକାଳ ପରି ।।

ସକାଳ ପରି
ପରିଚିତ ଏକ ନୂତନତା ଧରି
ତୁମେ ମୋତେ ଆଶ୍ଚର୍ଯ୍ୟ କରିଥିଲ
କାକଳି ପରି

କୋଳାହଳ ଭରା ମଧୁରତା ଢାଳି
ମୋତେ ମୁଗ୍ଧ କରିଥିଲ

ପୁଣି ଚନ୍ଦ୍ରିକା ପରି
ଦେହରେ ଶୀତଳ ଉଷ୍ମତା ଭରି
ତୁମେ ମୋତେ କରିଥିଲ ଉନ୍ମତ୍ତ ।

।। ରାତିର ବୁଢ଼ିଆଣୀ ।।

ରାତିର ବୁଢ଼ିଆଣୀ
ବୁଣୁଥିଲା ଅନ୍ଧାରର ଜାଲ
ଆଉ ସେ ଜାଲରେ ଛନ୍ଦି ହୋଇ
କେତୋଟି ନୀରିହା ତାରକା
ଓହଳ ବିକଳ ।

ମୋ' ମନର ବୁଢ଼ିଆଣୀ କିନ୍ତୁ
ବୁଣୁଥିଲା ହତାଶାର ଜାଲ
ଆଉ ସେ ଜାଲରେ ଛନ୍ଦି ହୋଇ
କେତୋଟି କଅଁଳ ସପନ
ଖାଲି ଓହଳ ବିକଳ ।

॥ ତୁମ ପାଖରେ ॥

ତୁମ ପାଖରେ ହୁଏତ ମୁଁ ଆଜି
ଡ୍ରୟାର୍‌ରେ ପଡ଼ିଥିବା ପୁରୁଣା ଚିଠିଟିଏ ପରି
ଅଖୋଜା, ଅଲୋଡ଼ା। କିନ୍ତୁ ଦିନେ
ତୁମ ମନରେ ବିଜଳି ଖେଳାଇ ଆସିଥିଲି
ଜୀବନର ନୂଆ ବାର୍ତ୍ତା ନେଇ।

ତୁମେ ମୋତେ ବୁକୁରେ ଚାପିଥିଲ
ଥରେ ନୁହେଁ, ଦୁଇଥର ନୁହେଁ, ଅନେକ ଥର ପଢ଼ିଥିଲ
ଖାଲି ପଢ଼ିଥିଲ।

ଏବେବି ତୁମ ଦୀର୍ଘଶ୍ୱାସ ମୋ' ଦେହରେ ବାଜୁଛି
ଏବେବି ମୋ' ଦେହରେ ରହିଛି ତୁମ ହାତର ବାସ୍ନା
ଆଉ ବି ରହିଛି ଲୁହ ଧୁଆ ସେ ଅକ୍ଷର ଗୁଡ଼ିକ
ଜ୍ୱଳନ୍ତ ଅତୀତର ଅସ୍ପଷ୍ଟ ସ୍ମାରକୀ ହୋଇ।

ଆଜି ତୁମେ ହୁଏତ ତା' ଅସ୍ୱୀକାର କରିପାର
ମାତ୍ର ତୁମ ମନ ଆଜି ବି ତାକୁ ସ୍ୱୀକାର କରେ
ତାକୁ ନିମନ୍ତ୍ରଣ କରେ।

।। ଆସ ବା ନଆସ ।।

ଆସ ବା ନଆସ
ମୁଁ କିନ୍ତୁ ତୁମକୁ ଅନେଇ ବସିଥିବି
ମରୁଭୂମି ଯେମିତି ଯୁଗଯୁଗ ଧରି
ମେଘ ପାଇଁ ଅନେଇ ରହେ
ଠିକ୍ ସେଇ ମିତି।

ତୁମ ପାଇଁ ଅନେଇ ବସିଲେ
ପ୍ରତିଟି ମୁହୂର୍ତ୍ତ ଗର୍ଭିଣୀ ହୋଇ ଉଠେ
ଅନିଶ୍ଚିତ ନିଶ୍ଚିତତାରେ।
ପ୍ରତି ମୁହୂର୍ତ୍ତରେ ଲାଗେ ଯେମିତି
ପର୍ଦ୍ଦା ଟେକି ତୁମେ ଘର ଭିତରକୁ ପଶି ଆସିବ
ଚେନାଏ ଖରା ପରି, ସୁଲୁସୁଲିଆ ବା' ପରି
ଅବା ଚିହ୍ନା ଚଢ଼େଇର ରାବ ପରି।
ତୁମେ କିନ୍ତୁ ଆସନି
ସରେନି ବି ଅପେକ୍ଷାର ରୋମାଞ୍ଚିତ ବିରକ୍ତି।

ସତରେ ତୁମେ ଯଦି ଦିନେ ଚାଲି ଆସ?
ମୁଁ କ'ଣ କରିବି?
ବସିବାକୁ ଚୌକିଟିଏ ଦେଇ ପାରିବି ତ!
କୁଶଳ ବାରତା ଟିକେ ପଚାରି ପାରିବି ତ! କେଜାଣି!

ତୁମେ ସେଇମିତ ଖାଲି ମୁରୁକି ହସୁଥିବ
ଆଉ ମୁଁ ଧୀରେ ଧୀରେ ଜଡ଼ ପାଲଟି ଯାଉଥିବି
କାହିଁକି ନା ମୋ' ଅନେଇ ବସିବା ଯେ ଭାଙ୍ଗିଗଲା
ପ୍ରତିଟି ରକ୍ତ କଣିକା ମୟୂର ପରି ଏବେ ନାଚି ଉଠିବେ
ଗାଇ ଉଠିବେ କୋଇଲି ପରି। ପଥର ନ ପାଲଟି
ମୁଁ ଆଉ କ'ଣ କରିବି ଯେ !

ସତରେ କ'ଣ ତୁମେ ଦିନେ ଆସିବ ?
ଭାଙ୍ଗିଦେବ ତୁମ ପାଇଁ ମୋର ଅନେଇ ରହିବା ?
ସେତିକି ଗଲେ ମୋର ଆଉ କ'ଣ ରହିବ ଭଲା !

ଆସ ବା ନଆସ
ମୁଁ କିନ୍ତୁ ତୁମକୁ ଅନେଇ ବସିଥିବି।

BLACK EAGLE BOOKS

www.blackeaglebooks.org
info@blackeaglebooks.org

Black Eagle Books, an independent publisher, was founded as a nonprofit organization in April, 2019. It is our mission to connect and engage the Indian diaspora and the world at large with the best of works of world literature published on a collaborative platform, with special emphasis on foregrounding Contemporary Classics and New Writing.

www.ingramcontent.com/pod-product-compliance
Lightning Source LLC
Chambersburg PA
CBHW020547080526
44583CB00013B/1035
* 9 7 8 1 6 4 5 6 0 0 9 1 6 *